会聊天

初次见面就能完美对话的方法

吴琦◎著

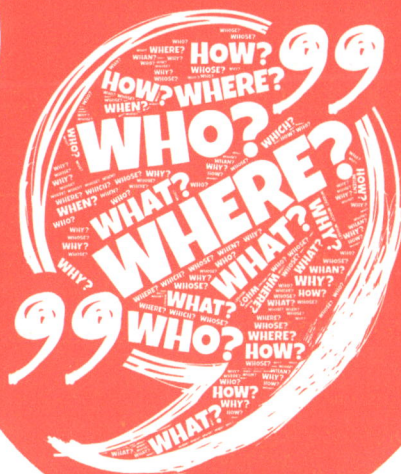

人民邮电出版社

北京

图书在版编目（ＣＩＰ）数据

会聊天：初次见面就能完美对话的方法 / 吴琦著
. -- 北京：人民邮电出版社，2017.8
ISBN 978-7-115-45709-7

Ⅰ．①会… Ⅱ．①吴… Ⅲ．①语言艺术－通俗读物
Ⅳ．①H019-49

中国版本图书馆CIP数据核字(2017)第108726号

内 容 提 要

与上司或下属单独相处时，该如何讲话？同事之间说什么不冷场？为什么跟别人说两句话就觉得没有话题了？擅长聊天并非你想象的那么难，只是你没有找到方法而已。本书详细对比会聊天和不会聊天的主要区别，让读者对比自身，查找不足；娓娓道来让别人开口说话，炒热聊天气氛的多种交流技巧；倾情展示聊天高手都在用的具体可操作的交流方法；贴心提醒不同情境下的不同聊天方式。

本书语言顺畅、内容实用、版式活泼，每一小节分为理念讲解、案例展示、插画演示、技巧总结这四部分。适合大学生、职场新人以及所有对口才、交际、聊天感兴趣的年轻人阅读。

◆ 著　　　　　吴　琦
　　责任编辑　　折青霞
　　责任印制　　周昇亮

◆ 人民邮电出版社出版发行　　北京市丰台区成寿寺路 11 号
　　邮编 100164　　电子邮件 315@ptpress.com.cn
　　网址 http://www.ptpress.com.cn
　　北京天宇星印刷厂印刷

◆ 开本：720×960　1/16
　　印张：14.75　　　　　　　　2017 年 8 月第 1 版
　　字数：158 千字　　　　　　2025 年 11 月北京第 28 次印刷

定价：45.00 元

读者服务热线：(010)81055296　印装质量热线：(010)81055316
反盗版热线：(010)81055315

前言

会聊天的人能聊出轻松愉快的氛围，能给人一种愉悦的感觉；能让对方喜欢上你，不管当时能不能下订单；能让你的朋友越来越多，在朋友圈中更受欢迎；能让你在职场上不受排挤，建立融洽的人际关系。会聊天，能让你玩得转，吃得开，少被别人拒绝，多了解各种信息。

会聊天，代表的是创造一种和谐、轻松的人际氛围的能力，代表的是你察言观色的本事，代表的是能够轻松接上话题的语言技巧，代表的是你对人心变化的把握程度。掌握聊天的能力，会让你快速缩短与对方的距离，掌控当下的气氛。

不会聊天的人，或者一开口就紧张，或者一开口就是尴尬的局面，或者一开口就碰壁，或者一开口东拉西扯，让你不知所措。所以常常会有这样的场面：某个场合见到领导，语无伦次，或低头不语；明明害怕沉默，却依然不知道该说些什么化解局面；自己说得唾沫四溅，对方却面无表情。

所以，对于不会聊天的人来说，经常会面临恐怖的沉默。熟人相见，不知怎么寒暄交谈；生人相遇，不知怎么开口介绍；同事相遇，也许只是简单打个招呼。尴尬，沉默，让你感觉与人相处时，时间是那么漫长。而这一切，都是因为不会聊天。

抓住人心，让自己受欢迎，让自己融进同事圈，让自己获得上司或客户的信任，让人际氛围更加融洽，就需要掌握和练习聊天的技巧和方法。会聊天是一门技巧，聊天没有实质内容不等于没有意义，也不需要非得有个结论。很多时候，目的只有一个，就是营造一个让彼此感觉轻松的氛围。

只要勤加训练，你就可以成为聊天高手，从而提升你的人际关系，甚至改变你的人生走向；你将拥有社会竞争力，拥有良好的人际关系和很强的生存能力。

本书内容精练，语言流畅，有精彩的故事和精美的插图实例，具有很强的指导性和实用性，参照本书的指导和建议，会让你不再担心说错话，不再担心被拒绝，不再担心不懂幽默而被嫌弃。当你掌握这些聊天技能的时候，能获得上司的赏识、同事的信任、客户的青睐、伴侣的欢心，让你时时聊得来，处处受欢迎，突破语言障碍，从此成为说话高手。

目 录

会聊天的人和不会聊天的人 第一章

第二章 不是说的越多越好，让对方多说才是王道

第三章

如何一开口就炒热聊天气氛

第四章 聊天高手都在用的一些方法

情境不同，聊天方式也不同

第五章

第一章　会聊天的人和不会聊天的人

01 不会聊天的人让自己说，会聊天的人让对方说

在生活中，我们总会羡慕这种人——他们精灵般地穿梭于摩天大厦中，辗转于迎来送往中，或沉着稳重，或不怒而威，或容光焕发，随时随地叩开对方的心扉，甚至初次见面，就可迅速熟络！这，全因他们随身自带利器：会聊天！

会聊天，并非只顾自己滔滔不绝，令对方无处插话，而是想方设法去打开对方的心扉，让对方说，才是会聊天的最高境界。特别是初次见面，让对方说，既可以满足对方畅所欲言的表达欲望，让对方更开心、更投入地谈论自己的理想、兴趣等，还可以使双方聊天的气氛更加融洽。

相反，不会聊天的人，总认为自己有很多话想说，或过于迫切地想要让对方了解自己的想法、接受自己的观点，以为说得越多越好。然而无数事实表明，往往说的越多、错的越多。因为，你如果不顾及别人感受，即使说得再天花乱坠，也无法赢得对方的喝彩，甚至还可能引起对方厌烦。

刘工，这个施工方案，我觉得要写清楚每项工程进度的细节，还要管理好相关机械用品，以及……

好的，高总。

刘工，这个施工方案，你打算从哪几个方面入手？说说你的个人想法！

高总，以我多年的工作经验及我们该项工程现有的所有资源来看，我觉得工程第四阶段重点在于雨季工程的进程安排与连续墙的防护！

KEY TIPS

　　跟对方沟通时，如果自己一味地滔滔不绝，那么对方表达自己意见的机会就很少。相反，通过巧妙地提问题，让对方多聊聊自己的想法，你也会得到很多建设性意见。

事实上，让对方开心地说话，并没有那么难。学一些察言观色之道，从细节中探明对方内心深处的情绪，时时考虑对方的处境，心贴心地巧妙提问，慢慢引出对方的想法，便可顺利达到自己的交谈目的。

某报社主编为了做一期经济管理方面的专题，将刚毕业的两名实习记者引荐给知名经济学家刘教授，协助他采访。其中一名实习记者见到刘教授，就埋怨不已，狂倒苦水："刘教授，为了配合主编做这期专题，我跑了好多地方，辛苦不说，那些高高在上的教授、学者傲然的姿态，实在伤自尊！我都不想做这份工作了！付出太多……"口无遮拦，胡言乱语，一副无休止的架势，让刘教授本来烦闷的心情雪上加霜，愤而下了逐客令。

另一名实习记者看到刘教授心情不悦，便特别谨慎，试探着引出话题："刘教授，你好，我是某报社周主编的徒弟，听周主编说，你们这周相约去登山。"一听登山，刘教授顿时心情明亮了许多："是啊！这次要去黄山，很早就想去黄山了，一直没有机会，这次黄山之行可是我期待已久的啊……"

刘教授心情渐渐明朗，开始滔滔不绝，侃侃而谈。等刘教授谈尽兴了，这名实习记者才开始转化话题："刘教授登了这么多座山，挺有成就感吧？当然，您在经济管理研究这方面的成绩更加瞩目，攀登事业高峰与爬山这二者之间是否有相通之处呢？请问刘教授是如何取得如此瞩目的成就的？能谈谈相关历程吗？……"随着话题的深入，这名实习记者逐步问出了自己想要的话题内容。

可见，聊天，不是唱独角戏！聊天的目的在于交流，会聊天的人往往以对方为中心，努力寻找出对方感兴趣的话题，让对方愉悦地释放出自己的感情，从而给对方留下好的印象，同时也让自己通过对方的言谈掌握更充分的信息，并且在彼此进一步的感情交流中，营造良好的人际关系；相反，不会聊天的人，往往以自己为中心，忽视对方的存在，对自己的谈论多于与对方的互动，让对方不愿与你聊天和交往。

聊法 ●●●

（1）与对方初次见面，如果冷场了不要担心，可以适当地提出问题以继续你与对方的闲聊，或者是说几句关于自己的话，但要尽快把话题引向对方，让对方多说，这样你才会了解更多信息。切忌无视对方的情绪，自己喋喋不休。

（2）在谈论某件事情时，要及时回应对方的观点，或肯定，或否定，或疑问，以便让对方充分感受到你在认真倾听和真诚关注。例如，"真的吗？""是的，我觉得也是这样，同道中人啊！"

（3）专注认真，抛弃"小动作"。对方开心畅谈的时候，切忌东张西望，心不在焉，更不要做各种莫名其妙的尴尬动作，如抠鼻涕，揉眼睛，挠头发……以免引起对方的反感。

02 不会聊天的人害怕沉默，
会聊天的人享受沉默

初次见到对方，会聊天的人有时候会巧妙地用点小心思创造一种如诗如画的情景，使对方在沉默中享受难得的默契，进而产生细腻的情感，游弋于彼此内心的更深处。如一起享受美妙的音乐，一起品尝美味的甜品，一起欣赏怡人的风景……

而不会聊天的人在与对方初次见面的时候，总会对这种沉默而不言语的情景不知所措，甚至惶恐不安，心里不免产生各种猜忌：他（她）怎么啦？怎么不说话？是不是我说了什么不该说的话？他（她）是不是不想理我？……为避免此类场景的出现，进而匆忙寻找各种话题，甚至信口开河，胡言乱语。殊不知，这样只会打断对方思维，搅乱对方的心情，强迫其加入到自己已设计的话题中。

民间俗语道，病从口入，祸从口出。初次见面，如果你觉得话题比较生硬，说不到点子上，说不好，或者心情不好，不想说什么，不妨保持沉默！有时候，沉默是一种无言的默许，当我们毫无头绪、无言以对时，

我们聊点什么吧，否则好尴尬啊！你喜欢文学吗？还是喜欢音乐？

……

KEY TIPS

看到对方渴望享受沉默的时候，不要表现出任何的焦躁之情，要努力配合对方，保持沉默，一起分享这难得的片刻宁静。

谢谢。

小姐，你好，最近店里进了很多的新款大衣，请您慢慢欣赏，有需要请随时叫我，我就不打扰你啦！

KEY TIPS

学会制造沉默的氛围，给对方充足的时间和空间，让对方认识到自己的需求，舒适地选择自己的所需所求，对方心情愉悦了，合作便会悄然而至。

沉默比辩解更有效。在不同语境下，沉默这种无声语言可以映衬出我们不同的感情和态度，特别是在自己不了解的情况下，或者是遇到自己做不了主的事情，更要保持沉默。

生活中，会聊天的人享受难得的沉默时刻，他们不去刻意寻找话题，但却颇费心思地想出更多新颖的创意，制造出更多沉默的时刻和空间，让对方感觉与其在一起舒服、自在，有话题可以畅快淋漓地聊，没有话题也可以心有灵犀地一起享受沉默。

刘先生是一名理工男，大学毕业后，做了一名工程技术员。由于他生性木讷，平时少言寡语，社会交往比较少，遇见的女孩子更少，工作了八年，还没有找到女朋友。

眼看着周围的同事，一个个步入了婚姻的殿堂，刘先生家人开始着急起来，托亲戚朋友给他介绍了条件不错的女孩子。刘先生怕自己不会聊天而闹出尴尬，迟迟不敢去赴约，亲戚知道刘先生不善言辞，便让他与女孩先微信聊天。两个月后，双方慢慢熟识了一些，刘先生便请女孩看一场明星演唱会。

整个演唱会，女孩子一直保持沉默，集中精力看喜欢的歌星，听喜欢的歌曲，并没有注意刘先生的茫然和扭捏，这无形中激励了刘先生，看完演唱会彼此的交流竟然一步步加深。之后，刘先生挖空心思想出很多沉默时刻的点子，大大减少了对方的戒备心，忽略了刘先生不善言辞的短处，日久生情，有情人终成眷属，刘先生最终抱得了美人归。

吕雯演唱的《很美丽》里有句歌词：我们之间有种默契，却无法用言语代替，你沉默，我也无语，像鱼儿不能离开水滴！

两颗相知的心，没有多余的言语，只有默契，只有信任，只有尊重，不激烈地交锋，不剧烈地争吵，学会享受这种难得的沉默，也许是对对方最大的信任，是对对方最热烈的感情投入。

聊法：● ● ●

（1）初次见面可以与对方共同做一件事情，比如，一起看一场电影，一起漫步于波涛起伏的海边，一起欣赏一场高雅的音乐会……这样美妙的时刻，需要沉默，更需要专注。

（2）情绪不稳定、暴怒的时候，尽力保持冷静，最好保持沉默，委婉地拒绝与对方交谈，以防出言不逊。例如可以讲："对不起，我现在心情很糟糕，我们待会再聊好吗？""对不起，吃饭时间到了，饭后再聊好吗？"

03 不会聊天的人强找话题，

会聊天的人轻松提问题

在我们日常生活中，对陌生人由于了解甚少，再加上心理紧张，所以，有些人害怕冷场，总会搜肠刮肚找一些话题与对方交谈，乍一听仿佛有板有眼，但说多了难免会才尽词穷，再生尴尬。在与人聊天过程中，这种刻意寻找话题的做法虽然是出于友好交流的目的，可最终还是会拉大彼此的距离，错失了结交好友及进一步开展合作的大好机会。

相反，会聊天的人说话讲究逻辑性，有谋有略，往往能以一个好的开场白、一个恰当的提问引出一场愉悦的沟通。这是因为一个好的提问，往往可以引发对方的好奇心，激发对方的聊天兴趣，或者引起彼此的共鸣，为之后的顺利沟通奠定基础，为彼此之间的交往打下良好基础。

当然，初次见面，要想轻而易举地通过提问题的方式与对方聊得热情如火，就要讲究方式方法，俗话说到什么山唱什么歌，我们也要见什么人提什么问题：

对于倔强、顽固的人，要迂回婉转地提问题；

对于敏感、不善言辞的人，要耐心诱导、循序渐进地提问题；

对于直率坦荡的人，要直接简明、开门见山地提问题；

对于德高望重的人，要仰慕、尊敬地提问题……

与他人聊天时，只有巧妙地抓住时机，针对不同的人提不同的问题，才会达到自己预期的效果。

王小姐作为公司市场部经理，年终应邀参加了几个公司的联谊活动，在这次活动中，口齿伶俐的王小姐可谓八面玲珑、左右逢源，因而认识了不少同行朋友。看到直率的张经理，王小姐便热情地询问古董收藏的问题："张经理，最近收藏了什么好宝贝？可不可以赏光欣赏一下？"说到古董，张经理变得兴致昂扬："最近，有幸收藏了清雍正年间的一个梅瓶，价值不菲，欢迎去我家欣赏，到时候仔细给你介绍介绍！""期盼呀！有时间一定前去鉴赏。"

告别张经理，满脸笑容的王小姐转身看到内向、羞涩的宋小姐，便委婉地询问道："听说，贵公司素描比赛，一等奖获得欧洲8日游的大礼，是真的吗？"宋小姐俊秀的脸蛋泛着红光："嗯，是的，我很荣幸地获得了一等奖，真是开心极啦……"宋小姐开始滔滔不绝地谈论着这次比赛的感想，引得王小姐连连赞叹，遇到知己，宋小姐一高兴竟然表示愿意将本次比赛的素描画送给王小姐……

这次活动，不仅张经理、宋小姐成为王小姐的朋友，还有几位公司老总也十分欣赏王小姐。

会聊天

你喜欢阅读什么类型的书？小说吗？

是的，我喜欢看小说，尤其是历史小说……

KEY TIPS

围绕对方感兴趣的话题有针对性地提问，则更容易打开对方的思维，获得更多的信息。

嗯？是这样啊！

确实是这样的，这款产品的详细介绍在这本公司内部杂志中，介绍得很具体，你不妨再仔细看看。

KEY TIPS

双方聊天过程中，提问的同时，还要注意语气、语调、表情等应用，有效引导对方更深入地交流。

由此可见，会聊天的人，不用搜肠刮肚地寻找各种话题作为谈资，他们会灵活地运用各种提问自然而然地引出话题，进而达到令彼此都能够畅所欲言的目的。

所以说，在与人交谈中，我们要锻炼自己提出问题的能力，并能游刃有余地运用在聊天当中。如此一来，你会发现沟通并不难，交朋友也不是一件让人恐惧的事情！

聊　法： ● ● ●

（1）攀关系式提问。这是一种最常见的提问方法，这种方法能迅速拉近聊天双方的情感距离，双方一旦从心理上减少了陌生感，就很容易聊得火热，例如，"听你口音，你也是上海人吧？太激动啦！老乡见老乡两眼泪汪汪啊！"

（2）赞美式提问。这种提问方式很好地表达出了自己对对方的仰慕和尊重，既表现出了自己的热情，又传达出了对对方的尊敬之情，例如，"你就是写某某作品的著名作家吧？我经常买你的著作来看，受益匪浅，在这里能看到一直仰慕的你，真是太荣幸啦！"

（3）开放式提问。以对方为重点，引导对方多方面地说出自己的认识、理解和感受，进而从对方的谈话内容中获得更多有价值的信息。例如，"这项工作如何进行？""今天晚上的演出你最喜欢什么？"

（4）反问式提问。不接对方的问题，并把问题返给对方，给对方一个宣泄口，舒缓对方不满的心情。例如，"您觉得我们这也是合作？""难道我们这不是合作吗？"

04 不会聊天的人怕见领导，
会聊天的人见领导能主动谈

工作中，有些职场新人，往往觉得领导高高在上，与之接触特别有压力，所以每次见了领导都刻意回避，或以外出办事为借口不在公司，或假装忙碌低头应付差事，或绕道而走，生怕与领导聊天时"踩住老虎尾巴"，惹祸上身。这样的人时间久了，也就淡出了领导的视线。

然而，很现实的问题是，在职场中，你不可能每次都绕开领导，领导在你加薪和晋升方面起着关键的作用。与领导的距离远了，他们对你的能力和表现都没有更进一步的了解，就更谈不上对你的赏识了。其实，作为领导而言，下属员工越多，他们越没有时间一一进行了解，这个时候如果你常常与领导主动攀谈，那么他对你的了解自然比其他员工多。

如何与领导攀谈是一门学问。偶遇领导时，场地不同，你所选择的话题也应有所不同。如在电梯间、茶水间，双方共处的时间较短，除了礼貌地打招呼之外，如果还有时间，可以谈论一下天气，比如："今天终于没有雾霾了！"如果你在餐厅、停车场遇到领导，也不要刻意回避，而是要

卢总，后天在北京的会议您也参加吧，我看了天气预报，北京有雾霾，您不要忘记戴口罩！

小周，谢谢你提醒，否则我真不知道呢。

KEY TIPS

与领导聊天不一定非要受工作的束缚和拘束，有时候，聊聊生活，谈谈天说说地，也是拉近距离的一种快捷、有效的途径。

我正在和客人谈事情，这件事回头我再找你聊！

李总，我们部门小张最近有点问题，我想跟您反映一下。

KEY TIPS

与领导攀谈，要注意技巧，掌握机会，不要不分时间、地点、场合为所欲为地表达自己的所需所求，要等到领导方便的时候，简明扼要地提出自己想聊的话题。

主动与领导打招呼，时间充裕的话，还可以谈论一些与工作相关的话题。例如：跟领导了解一下公司最近出台的新政策；向领导请教一些你近期工作中遇到的小麻烦；轻描淡写地聊一聊，你对公司做出的贡献；饶有兴趣地跟领导讲一讲客户最近对产品的反馈……

主动与领导攀谈，还有可能会出现"无心插柳柳成荫"的情形。例如，你可能只是处于礼貌的心态跟领导闲聊，但他却给你提供了很多值得借鉴的经验和问题解决方法；你只是客观地说出了你对公司某件事的见解，他却对你另眼相看，赏识有加……

祝小姐刚毕业就应聘到一家贸易公司上班，为了得到领导的信任和肯定，祝小姐工作勤勤恳恳、认真努力。无奈企业系统复杂，一个多月过去了，虽然全力以赴，但完全没有做得得心应手，所以她常常加班，以求把工作做得更好。

有一天晚上，在加班到 8 点终于下班后，祝小姐走出电梯，远远望见了自己的领导周总。作为职场新人，祝小姐对领导有着一种莫名的敬畏，前思后想地犹豫了半天，最后还是加快脚步，追上周总，对他说："周总，你好，我是新来的员工小祝，您也刚刚下班啊！"

看到小祝才下班，并主动与自己打招呼，周总微笑地说："你好，小祝，也刚刚下班啊，注意劳逸结合！"

看到周总微笑的表情，祝小姐瞬间放松了那颗悬着的心，突然想到刚刚自己在处理一批货的疑问，就问周总道："周总，刚刚我在处理发往上海的一批货，有一个地方有点疑惑，能向您讨教吗？"

"当然可以了，什么问题，我帮你出出主意。"

见到周总不像工作中那么严肃，祝小姐便说出了自己的疑惑，而周总则非常耐心地给了她解答，并且还提供了一些新的工作思路，这让新入职场的小祝非常开心。

与领导攀谈跟与朋友闲聊不一样，不能太过随意，需要注意方式方法，显示出自己的尊重和忠诚。通常情况下，领导都会真诚地教你很多工作中的经验和方法，避免你走很多弯路。

聊法：●●●

（1）直接提问。领导常常会站在大局的角度看问题，若你在工作中对一些问题感到迷茫时，最简单的方法就是直接向领导提问，让领导给你大量有价值的信息，这是你了解领导真实想法、快速化解与领导不同意见的最佳途径。

（2）忌无端抱怨。有些员工遇到领导，就大倒苦水、各种抱怨，像被宠坏的孩子一样胡搅蛮缠，这很容易引起领导的厌恶，还有可能会遭到批评。

05 不会聊天的人做各种准备，

会聊天的人做准确预测

会聊天的人如同出色的猎手，有智慧、有谋略、会预测，他们往往能敏感地察觉到对方表情动作的变化，准确地听到对方内心深处声音，从变化中预测到目标话题，然后迅速扳动扳机，颗颗击中、弹无虚发，句句说到对方的心里，让双方进入愉快聊天的模式中。

恰恰相反，不会聊天的人，因没无法预测出对方聊天的内容、模式、规律，往往会提前准备一堆话题，甚至进行多次模拟对话练习，浪费了大量的时间不说，还会给自己思想增加顾虑。这样的人在聊天的时候，总是在想：准备了那么多话题，多少应该有一两个排上用场吧？花了这么多心思，浪费了多可惜！不知不觉中，就会出现勉强对方附和自己话题的局面，对方自然会觉得不开心，而自己也会觉得话题开展得很生硬，双方都会觉得这种聊天很尴尬、无聊。一旦陷入这种僵局，双方的聊天势必会很快陷入无话可说的境地，结果极有可能使双方草草结束聊天。

聊天的时候，为避免这种"话不投机半句多"的尴尬情况出现，不仅

周六日打算做什么？我和几个朋友打算去郊区爬山，听说那里环境优美，还有好多游乐设施。

我要好好休息一下！祝你们周末愉快！

KEY TIPS 聊天有着独特的语言模式，有些模式比较抽象、概括，意在拉开双方的距离；有些模式比较具体，意在传达一种友好和信任。

这么晚才回来，你干什么去啦？

高中同学来了，一起吃了个饭！

KEY TIPS 男女聊天的时候，会呈现出思维差异。男性聊天比较关注解决问题、解决矛盾；女性聊天比较关注友好地处理人际关系。

要搞清楚聊天的对象，还要掌握对方的思想状态，摸清对方的思路，这是成功说服一个人的前提。知己知彼才会百战不殆，对症下药才会事半功倍。所以你要时常思考对方在想什么、需要什么，这些都是说服对方的入手点。

培根在《谈判论》一文中指出："与人谋事，则须知其习性，以引导之；明其目的，以劝诱之；谙其弱点，以威吓之；察其优势，以钳制之。"会聊天的人，能机智地看透对方的内心世界，预测出种种话题和聊天效果。不妨试试如下 "关键词式聊天法"这个捷径：聊天的时候，注意对方话题的重点关键词及延伸出来的相关关键词，这些词会给双方带来很多闲聊话题，如此你就可以即便没有准备，也能与对方随时开心聊天。

在周末同事生日聚会上，赵小姐与策划部的文小姐邻座，开餐前，双方闲聊起来。

赵小姐："天冷了，最近，你添置新衣服了吗？"（关键词：衣服）

文小姐："是的，买了一件呢子大衣！"（由关键词引发）

赵小姐："是吗？什么颜色的？"

文小姐："咖啡色！"（由关键词引发）

赵小姐："什么款式的？"

文小姐："长款修身的，腰身部分比较贴身！"（由关键词引发）

赵小姐："你买相配套的鞋子了吗？"（新关键词：鞋子）

文小姐："买了，买了一双靴子！"（由新关键词引发）

赵小姐："短靴吗？"

文小姐："我有很多双短靴，这次买了一双长筒靴，呢子大衣可以不扣扣子穿！感觉还不错。"（由新关键词引发）

赵小姐："什么颜色的？也是咖啡色吗？"

文小姐："不是，不是，是黑色的，黑色比较好配衣服！"（由新关键词引发）

俗话说："水来土掩，兵来将挡！"聊天不是商业谈判，你大可以放平心态，即便毫无准备，也能从对方的穿衣打扮、肢体语言、兴趣爱好等方面预测到对方想聊、感兴趣的话题，从而愉悦地聊天。

聊法：● ● ●

（1）预测对方的谈话内容需要懂点冷读术，就是在对方没有防备，甚至第一见面时看透对方的心思，从而更好地与其交流。例如这样与对方聊天："你一定在国外留过学。"而不是向其题问："你是不是在国外留过学？"

（2）与人聊天没有准备话题，或者怕自己想聊的话题引起对方的反感时，可以试探性地先聊自己擅长的话题，然后从对方的"接话"中做出预测，明了对方感兴趣的话题，例如，"我们最近去了趟桂林，那里的环境不错哦！""最近几场足球赛踢得真不错！"

06 不会聊天的人表现得"知道"，
会聊天的人表现得"不知道"

生活中，很多不会聊天的人很喜欢不懂装懂，明明自己什么都不懂，却为了掩盖自己的无知，就自作聪明、信口开河，总是在人前摆出一副才高八斗、学富五车的模样。然而，他们常常"偷鸡不成蚀把米"，很快就出了洋相，成了别人的笑料。此外，还有一些相对高明一点的"大忽悠"，满嘴都是些似是而非的所谓"大道理"，到处忽悠人，可他们说的很多话都经不起认真推敲，最终仍然无法避免地沦为别人的笑话。

卡耐基曾忠告大家："尽可能地向别人请教，并尊重他们的建议，让对方觉得那主意完全是他们自己决定的。"会聊天的人往往会表现得自己不知道，谦逊恭敬，放低姿态认真地聆听或者请教，这反而给了对方最大的尊敬和恭维，在这种鼓励下，对方常常会充满激情、滔滔不绝地畅谈古今。

在工作中，有些人遇到自己不懂的问题时，常常遮遮掩掩、躲躲藏藏，生怕周围的同事或领导发现自己不懂，更怕别人因为不懂这方面的问题而小瞧自己。怀着这种心理，他们常常战战兢兢，甚至在领导明示有问题可

郭老师，我刚刚写了一份企划书，您能不能帮我看一下，提点修改意见？

没问题，拿过来就好。

KEY TIPS

请教对方时，适当使用敬语，将对方抬到优越的地位，迫使对方以恩师姿态倾倒自己所知所想，促进事情的圆满结束。

张总，我这个月的业绩还差一点，您能不能给我介绍几个客户？

正好我原来的一个老客户看上了这个新款产品，你试着跟他联系一下。

KEY TIPS

"小麻烦"也是一种交流，请对方帮忙，暗示着对对方的一种肯定和欣赏，对方往往会成全你用心良苦的善意，也会因你的接受而感到快乐。

以提出来时，心里还在犯嘀咕："这点小事就请教领导，领导会不会觉得麻烦？领导会不会觉得我太无知？领导会不会因此小看我？甚至领导会不会批评我？"

其实，同领导聊天的时候，表现得自己不知道，领导不仅会觉得你工作很认真负责，积极性比较高，还会觉得你很重视领导的教导，会真诚地给你提供一些建议，帮助你把事情做好，反而会更加欣赏你。同样，与同事聊天的时候，适度地表示自己不知道，一方面可以充分体现自己的谦虚，另一方面也给了同事表现的机会，这会增加同事对你的好感度。

陈先生刚进一家软件公司工作的时候，只是在负责技术的一个小部门做事，他工作特别小心、谨慎，每次和领导聊天的时候，都会及时向对方请教工作中遇到的各种疑难问题，问清楚后会默默记在心里，回去摸索、尝试。

有一次，领导让技术部为合作公司做一个软件程序，其中有一个代码撰写，大家都不太明白，因为只是概念模糊，并不困难，不值得去向领导请教，所以大家没一个主动向领导请教的，陈先生却认为这不是一个人能琢磨通的，工作中没有一件事是小事情，不明白、不理解的地方就应该向领导请教，于是勇敢开口向领导请教，还说："这样虽然有点麻烦，但是领导会理解我们的，谁都是从不知道到知道，慢慢学起来的，不仅能显示出自己的好学、主动积极性，还说明着我们重视领导的看法和建议。如果我们不懂装懂，搞错了，不是会出现更大的麻烦吗？合作公司能不因此而不满吗？这种不好的情绪只会'转嫁'给我们的领导，最后还会砸到我们的身上。"

领导看到陈先生来请教，并不厌烦，反而很认真地给陈先生作了相关的讲解，当着大家的面肯定了陈先生不懂就问的做法。这种不懂就问、虚心请教的好习惯，让陈先生在工作中积累了丰富的知识和经验，多年后，陈先生接替了领导，成为了这家软件公司的分公司负责人。

与他人聊天时，不要伪装成知识渊博者，更不要絮絮叨叨、没完没了！从现在起，丢掉傲慢、轻视、疏远，时常"麻烦"一下对方，请教一下对方，你不但会收获更多的经验，还会让彼此间的距离拉近，情谊更深了。

聊法：●●●

（1）向对方请教时，要有诚意，不要问那些看着就愚蠢的问题，否则，不仅会显得自己无知，还会被对方误以为你存心戏弄人家。

（2）注意提问时的逻辑性，先从问题的结论开始说起，激发双方相互交流的积极性。例如，你问："我很想去外国进修，但是我现在学历不高，你看我是不是先攻读研究生以后再去？"

07 不会聊天的人只有一次机会，

会聊天的人创造下次机会

美国心理学家卢钦斯曾提出，当人们对一系列事物进行识记时，末尾部分的记忆效果优于中间的记忆，这就是近因效应。对于聊天而言，近因效应同样适用，聊天时的最后一部分内容，特别是最后一句话，往往起着画龙点睛的作用，双方聊得愉快，则会余音缭绕，让对方记忆犹新，进而萌发出再次聊天的愿望。

然而，有些人越想在道别的时候留下好印象，就越容易害羞、紧张、焦虑。特别是初次见面，这种心理尤其明显——告别时说话断断续续、结结巴巴，恨不得尽快结束交谈，以至于对方每每想起你时，第一印象便是如此不堪的情形，一大串的疑虑和偏见也会随之而来：这人有能力做好工作吗？这人肯定有社交恐惧症！有了这种偏见和疑虑，双方再次见面的机会非常小。

事实证明，初次与对方见面时，想再次拥有畅谈的机会，一个精彩的开场白很重要，一个意味深长的道别更重要。临别时，或谈谈共同度过的

你的手机壳挺漂亮的，上面那只笨笨的小熊真是太可爱啦！

哈哈，嗯，我就是看上这只笨笨的小熊才买的。

KEY TIPS 临别之际，仔细观察陌生人身上的特殊细节，聊聊这些对方感兴趣的细节，给对方留下感性、有趣的好印象。

你新面试的这个工作，薪金达到你的要求了，前景和工作环境都不错，我觉得可以去。

是，我也是这么想的。

KEY TIPS 最后一句话要说好，或让对方眼前一亮，或引起对方共鸣，或娱乐对方，才能成功吸引对方的注意力，为下次聊天创造机会。

美好时光，或回想一些有趣的话题，或追忆一些有意义的事情，将乐观、信任、肯定的积极性话语作为"压轴戏"，会让对方回味无穷、念念不忘。

　　大学毕业的肖先生正在四处投简历找工作，然而面试了几家公司都不尽人意，回想起来都是自己过于紧张的缘故。于是，在这次面试之前，肖先生做了充分的准备，尤其是自我介绍部分，自己反复练习了很多遍。

　　肖先生性格比较内向，平时也不善言谈，此次面试，考官依然让他进行三分钟自我介绍，虽然自己练习过，但他的心里还是有点紧张，表述时面红耳赤、断断续续。在接下来的环节中，几位考官明显有点敷衍他的意思，在简单介绍了肖先生所面试岗位的工作内容后，告知他等公司的复试通知。

　　肖先生感觉到自己没什么希望，反倒冷静下来，内心也平稳了一些。就在临走之前，他对考官说："对不起，我刚才自我介绍时太紧张了，大脑一片空白，我非常喜欢这个职位，希望贵公司给我一个机会，我一定会在工作中好好表现，争取让领导满意。"几位考官迟疑地交流了一下眼神，其中一位考官说道："好，再给你一次机会，如果我们公司录用你，你打算接下来如何做？"

　　肖先生说："非常感谢领导给我机会，假如我成为公司的一员，我会非常努力。我没有相关的工作经验，我现在有的只是兴趣、热情，还有吃苦的精神。另外，我大学的专业和这份工作非常匹配，请各位相信我，给我一个月的时间，月底，我保证让各位刮目相看。"最后一分钟，肖先生诚恳、流利的表达为自己争取了一份工作机会。

俗话说"一回生，二回熟！"人际交往有一条重要规则：不要一味地坐待机会，要创造交谈的机会，创造多和别人接触的机会，彼此的距离才会拉近，以后的事情才会好办。例如，在谈话的最后一刻，你可以完整准确地表达出不错的创意，也可以娴熟自信地表达出你的一腔热忱和真诚……总之，你要努力攻克对方的心理防线，赢得对方的赏识与重视，这样你才能为自己将来赢得更多更好的机会。

聊法：●●●

（1）与人聊天时，如果与对方发生语言争执，告别之前，一定要记得安慰对方，或者跟对方道歉求得谅解，给对方留下深刻的印象，这样，之后的聊天和交往才有可能继续。例如，"不好意思，刚才太激动了，闹了一点情绪，请原谅哈！下次再来，我们一起做蛋糕好吗？"

（2）同对方告别的时候，可以留下对方的联系方式，电话也好，QQ也好，微信也好，这不仅仅是一种礼貌行为，还表示你对对方很感兴趣，很开心认识对方，可以作为朋友继续交往。

（3）恰当的道别语。善始善终，初次见面，好好表现自己，不仅要有一个好的开头，还要有一个精彩的结尾。道别时，要有一个恰当的道别语，比如，"欢迎下次再来！""路上小心，注意安全！"

08 不会聊天的人相亲总尴尬，
会聊天的人相亲很轻松

心理学研究表明，如果把男女从高到低分为 X、Y、Z 三层，女人一般倾心于高一层的男人，而男人更倾心于低一层的女人，结果 X 男和 Y 女结合结为夫妻，Y 男和 Z 女结合结为夫妻，剩下 Z 男和 X 女。加上各种机缘巧合，双方都没有把自己"推销"出去，就只能被家人、亲戚、朋友逼着去相亲，不情不愿，目的性又太强。在这种情况下，不会聊天的人处理不好，相亲往往会变成明码标价的交易，尴尬和生硬都难免，如坐针毡。

相亲很容易出现尴尬的局面，但会聊天的人在相亲时通常不会出现这种情况，他们即便是对对方没有动心，也会谈笑风生，轻松应对约会。

首先，会聊天的人会设计一个精彩的自我介绍。据首因效应，美好的第一印象往往是持续聊天的关键，自我介绍出彩了，对方就会开始对你感兴趣，关注力也会渐渐放在你的身上。

其次，会聊天的人会巧妙选择令双方都感觉轻松的话题，如聊聊双方比较熟悉的旅游、电影、美食这些比较生活化的话题，氛围便会瞬间放松，

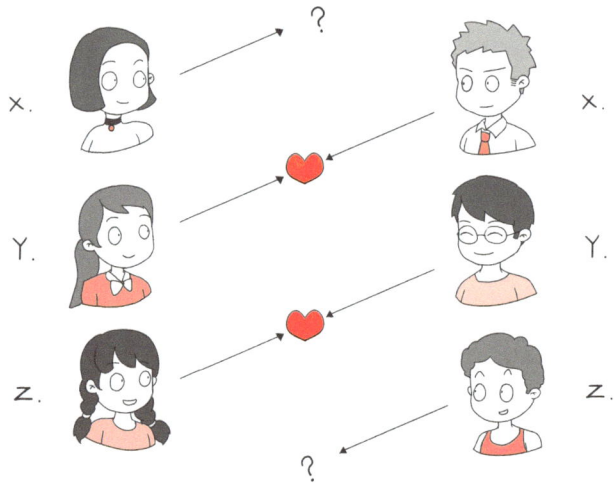

KEY TIPS
如果把男女分为X、Y、Z三层，女人一般倾心于高一层的男人，而男人更倾心于低一层的女人，结果，X男和Y女结合结为夫妻，Y男和Z女结合结为夫妻，剩下Z男和X女。

你的围巾好漂亮！

是吗？谢谢，这是我妈妈给我买的，她的眼光一向都不错。

KEY TIPS
"妈宝"可以抹杀你一切美好的形象和魅力，说两句话，都会提到妈妈，对方可能会各种嫌弃和轻视。

也可以拿这些话题向对方提问，一问一答中，谈资就会多起来。

再次，会聊天的人在初次见面相亲时不会说太多空话、套话，以免对方厌烦，更不会一味附和对方，因为这样会给对方以不自信、做作之感，对方会觉得你缺乏主见和能力。

最后，会聊天的人还会格外注意谈话时间的控制。初次与对方见面，如果聊天时间太短，会让人觉得仓促，双方之间来不及了解，以为你不愿意与对方接触；而如果聊天时间太长，可能会出现冷场等尴尬局面，对方可能也觉得不自在，会聊天的人会很好地控制谈话的节奏，尽量不聊太长时间，抓好时机，一旦发现对方有不耐烦情绪，就会主动结束谈话。

做到这些，双方差不多就会有了"一见如故、相谈甚欢"的感觉，但是，千万不要因此得意忘形、无视禁忌，开口问户口、房子、票子、车子、学历等现实的问题，这样很容易给对方"物质"或"势力"的错觉，双方聊得再开心、再投机，也前功尽弃了。

刘小姐平时工作比较忙，与异性接触的机会比较少，各种因素的叠加让她一直没有找到心仪的男朋友。眼看到了而立之年，家人亲戚朋友都跟着着急起来，给她介绍了一个条件不错的公司高管。

初次见面，刘小姐各种抵触和尴尬，幸亏对方比较健谈，找各种话题，相谈甚欢，刘小姐得意忘形，没有了底线，问对方："你一个月的工资是多少钱呢？"

对方诚实地答道："两万。"

刘小姐十分兴奋："你看你都三十多了，这些年，加上奖金，岂不是攒了几百万啦？"对方忙谦虚："哪里！哪里！够自己花就好。"

"是不是买车、买房了？"刘小姐继续追问。

对方虽然还是继续跟刘小姐聊，但是明显感觉没有那么热情了，心想：难怪这么大年龄没有嫁出去，这大概就是传说中"爱钱不爱人"的物质女。过一会，对方找借口结束相亲，再也没跟刘小姐联系了。

在相亲过程中，聊太现实的问题会让对方觉得你很物质，甚至很势利，即使你是无意的，也常常会给对方不好的印象，聊天也会随之陷入尴尬。如果心仪对方，就不要操之过急，要多点耐心，在适当的时机对方会告诉你一切！

聊法： ●●●

（1）注意礼貌，多用敬语，不说脏话，少说口头语，注意对方的忌讳和地方风俗习惯，如："不好意思，有没有你忌口的东西？""女士优先，你先来点。"

（2）避开消极的负面话题，若对方一不小心涉及到失业、失恋等不开心的话题，不要一味地刨根问底，可以安慰对方，并快速转移话题。如"没什么大不了，那都是过去的事啦！最近刚看了一个娱乐新闻……"

（3）初次见面，彼此不熟悉，了解又少，把话语权交给对方，既可以显示出你的体贴，又可以避免"言多必失"，如"听说，你最近去了英国，有什么好玩的吗？"

09 不会聊天的人讲笑话自己笑，
会聊天的人讲笑话别人笑

　　幽默是一种智慧，所谓幽默就是要先将对方的情感转移到自己的语言表达中，再利用特殊的语调、停顿、手势、姿势、表情来展现幽默。不会聊天的人往往没有意识到这一点，他们觉得讲笑话不过是简单的语言叙述，结果很容易出现"茶壶煮饺子——有货倒不出来"的情形，让双方陷入尴尬的境地。更糟糕的是，有些人讲笑话时，会集中精力想象笑话本身的画面，越想越觉得搞笑，结果笑话没有讲完，自己哈哈大笑不止，留下对方一脸疑惑。

　　会聊天的人，会将笑话编成短小的故事，精心设计出故事的内容，用曲折起伏的情节，激烈的高潮，用滑稽的夸张动作、暗示意味的微笑、略带夸张的语调、富有意义的停顿、出其不意的修辞、特殊的句式等等，将对方的注意力吸引过来，进而掌握对方的情绪，促进对方的思考，激发对方爆笑、捧腹不止。

　　特别是在快速发展的现代化大都市中，学习、生活、工作高度紧张，

有一天，我站在我家阳台上，大老远就看到一个球似的圆滚滚的人来到我家阳台下，我定睛一看，天，原来是我妈！赶紧跑下去迎接。

哈哈……

KEY TIPS

讲笑话时，适度夸张，甚至自吹自擂，更能显示出荒谬性，更容易产生幽默效应，更会让笑话讲得生趣动人。

节奏快，遇到一些不好意思直接表达的麻烦事或尴尬事时，不妨试试"一箭双雕"的小玩笑，让对方开怀大笑，不仅可以自由自在地表达自己的想法和感受，避免尴尬、缓解摩擦、消除敌意，保住对方的面子，还可以让枯燥变得有趣起来，活跃气氛、深化感情，促进事情的顺利解决，从而达到自己的目的。

新学期初，一位新同事领着小宝宝上门与张老师讨论新学期计划、教学方式等问题，两个人正谈得开心不已，那个胖嘟嘟的小宝宝爬上了张老师卧室的床，把张老师的床当成了跳跳床，又跳又蹦。看着自己的床被这个小宝宝折腾得不成样子，张老师心疼得很，又不好意思说，毕竟是初次见面。可是，如果不说，自己的床，定会被折腾得惨不忍睹。

"怎么办？怎么办？"张老师思索着，突然，他灵机一动，跟对方开了一个小玩笑，"宝宝妈，让你的宝宝回到地球上来吧！在月球上跳来跳去，太危险了。"

新同事理解地笑了笑，立即把小宝宝从床上抱了下来，两个人继续开开心心地聊天。

俗话说："冰冻三尺非一日之寒，台上三分钟台下十年功！"想经常讲让对方笑自己不笑的笑话，平时就要注意扩大自己的阅读面，用心收集各个领域有趣的事情，如果有必要，可以用笔记下来，随时翻阅，久而久之，你便会拥有数不胜数的段子、语录，助你沉着镇定、游刃有余地将这些笑话讲给对方听，让对方忍不住哈哈大笑，给对方带来愉悦向上的好心情、留下幽默的好印象！

聊法：●　●　●

（1）把握讲笑话的时机和场合。我们要注意根据具体的氛围、环境、场合、时机讲笑话，否则很容易伤到对方。例如，愚人节，你打电话邀请一位美丽的姑娘去约会，结果却自顾自地去忙自己手头的事情，对方就很有可能认为，你是趁愚人节这个日子愚弄她呢！说不定就会伤害对方的感情。

（2）幽默也要看准对象。讲笑话的时候，要注意对象，在了解对方的情况下，再讲合适的笑话，否则很容易给对方留下轻浮、浅薄的形象。例如，你给一位漂亮羞涩的小女孩讲成人笑话，对方就会觉得你肤浅、没个正经，甚至下流，并会对你厌恶不已。

（3）自嘲。拿自己开涮，有时候也是一个有趣的笑话，不仅可以让对方放松身心，还可以摆脱尴尬。例如，你计划出国留学，女友怕你在外面呆太久而变心，你不妨自嘲一下："你看我这样，小眼睛、蒜头鼻、驴长脸、招风耳，哪个美女能看上我呀？"

10 不会聊天的人急于下结论，会聊天的人善于讲故事

不会聊天的人，即使是讲述一件原本有趣的事情，也会因为急于显示结论，而略过事情本身的有趣性，扔给对方一堆规律、原则、结果之类的大道理。这些大道理看似华丽、精致，实则枯燥无味，禁锢着对方，最终，导致对方特别渴望摆脱这种禁锢，想冲动地逃离这种压抑的聊天氛围，及早地结束聊天。

会聊天的人，则会给你一片广阔的草原，绿意葱葱，让你的思维驰骋于无边的想象中。他们往往有条不紊，不急于下结论，以讲故事的方式娓娓道来，通过塑造生动形象的人物角色、严密的逻辑构思、画面感的细节、蜿蜒曲折的起伏、引人思考的结尾，绘声绘色地给你讲一个耐人寻味的趣事，利用情景带动对方的情绪，让对方进入自己设计的精彩情节和动情讲诉中，使对方感同身受，从而分享自己类似的经历和情感，最终双方感情交流达到巅峰。

我国著名美学家朱光潜教授曾说："话说得好就会如实地达意，使听

我记得很清楚，那一刻，整个天空一片漆黑，如同倒扣下来的一个铁锅，接着天空传来电闪雷鸣的巨响，我害怕得赶紧蒙上被子、捂上耳朵……

真是鬼天气！

讲讲你的故事呗！

哦！我是个没有故事的人！

KEY TIPS

好的故事，离不开丰富的真实细节，立体化、形象化的细节是渲染氛围、打动人心的关键要素。

者感到舒适，产生美感，这样的说话，就成了艺术。"想让对方愿意知悉你、了解你，或者想要在友好的氛围下说服对方，彼此笑谈风声，不妨试试"讲故事"这门聊天艺术。

讲故事可以从如下几方面做起：

首先，塑造一个典型有趣的人物，通过环境、经历、观念等不同侧面和细节展现人设的丰富层次性和生命力；

其次，制造冲突，让人物面对选择，或者有内心冲突、权利斗争、激烈竞争等等；

最后，制造高潮，利用曲折、逆转等方式给对方一个惊讶的设想，让对方的期待达到顶峰。

赵先生跟李总的感情是在一次"酒后吐真言"后加深的。

那天，赵先生喝多了，想起工作后的各种委屈和不平，特别伤心、失望，"想当初，我也是有梦想的呀！为什么现在沦落到如此地步？从小，我喜欢画国画，父亲是知名画家，教给我很多画画心得和技巧。母亲却不让我走这条路，说太辛苦。"

"初中的时候，我开始叛逆，爱上了油画，无时无刻都想着油画，学习成绩下滑得厉害。后来，在母亲和老师的逼迫下，我不得不妥协：整个中学期间，不惦记油画，好好学习，考上理想的大学。上大学后如果还喜欢油画再去学。"

"结果，我考上了我们省最好的大学。这时，我迫切地重温我的油画，大学对于我来说，没有任何的意义，只要能画画，其他无所谓，整个学校师生都知道我有着画画天赋。可是在大三的时候，却因为挂科太多被学校劝退，之后，我就应聘到咱们公司当了一名销售员，结果在工作过程中出现各种不适应，现在想想真是应了那句话：理想太丰满，现实太骨感！"

赵先生的故事，让李总感触颇深，想当初，自己也有一个"摇滚乐手"的梦想，现在却整日埋身于公司事务当中，当初的梦想只能偶尔在梦里回顾了。听到赵先生的故事，李总想到也许自己可以帮他一把，于是找赵先生商量把他调到公司的宣传推广部门。结果从此之后，赵先生在新的工作岗位上不断创造新成绩，成了公司的风云人物，而他和赵总也结下了深厚的友谊。

会讲故事，是一种软实力，它能将对方带到一个特定的场景和情绪氛围里，重击对方的心扉，让对方记忆深刻。如果你想让自己讲的故事更加感动人，你还可以用大量图片、幻灯片、表格、视频、诗句、对联来做点缀，让故事更立体化、形象化，让对方仿佛看到、听到甚至闻到你故事里的各种刺激，进而产生共鸣。

聊法： ●　●　●　⋯⋯⋯⋯⋯⋯⋯⋯⋯⋯⋯⋯⋯⋯⋯⋯⋯

（1）讲故事要简洁、生动。讲述故事的过程中，要尽可能地突出有用的标签，不牵涉无关话题，这样更能直击对方内心。

（2）制造悬念。好的悬念，突出"危险"，加入时间限制。悬念是吸引对方、引发对方思考的关键，接下来发生的故事情节，常常就是故事的高潮。比如，"我特别想跟你说说接下来发生的事情，你应该也发生过类似的事情⋯⋯"

（3）注意故事的起伏。故事有了跌岩起伏，才不会平淡无力，才会更加吸引对方。

第二章 不是说的越多越好，让对方多说才是王道

11. 聊天的重点就是让对方多说

　　印度哲学家白德巴曾指出，管住自己的舌头是最好的美德。这被人们称为"白德巴定理"。将这条定理运用到我们的人际交往中，可以理解为，与人聊天的时候，要尽可能地管住自己的嘴巴，给对方多留点说话时间、多为对方创造说话的机会，这是对对方重视和体贴的表现。

　　自己少说，让对方多说，给对方创造更多的说话机会，自己则侧耳倾听，选择恰当的时机与对方互动，或赞成，或反对，让对方更深入地阐述自己的观点，从而完成深入的感情交流。

　　然而现实生活中，特别是年轻人，总是喜欢证明自己，甚至渴望对方接受自己的观点，于是口若悬河，侃侃而谈，让对方完全没有插嘴的机会，结果对方产生反感，很快结束聊天，自己的机会也会消失殆尽。

　　善于聊天的人明白，聊天不是演讲，不是教导，若总以自我为中心，自己说个没完没了，就会过分暴露，特别是在对手面前。而聪明的人则明白这一点，就会让对方多说，从聊天的信息中抓住对方的脆弱点，进而投机取巧，那么，这场没有硝烟的战争常常会以对方的"失败"而告终。

我给你讲一下今天发生的有趣的事情……这让我想起以前发生的类似的事情……还有一个更搞笑的……

无聊！

KEY TIPS

聊天不是独角戏，每个人都有着自己表达的欲望。聊天过程中，若对方一点说话的机会都没有，就会不悦，自然没有兴趣听你天南地北地海聊，最终只会不欢而散。

你最好现在别理我！我都要崩溃了！

不可理喻！

KEY TIPS

心理学研究发现，人极端冲动、情绪极端激烈的时候，智商似幼童，说的内容常常非本意，易让对方误解，更易出现决策失误。当自己情绪不稳、烦躁、易怒的时候，尽量少说多听。

　　李先生最近装修新房，为了搭配奢华大气的欧式家具，他决定去灯饰专卖店买几款水晶吊灯。店里的灯饰琳琅满目，中间位置的尤其新颖别致、漂亮大气，李先生心理暗自高兴，却没有喜形于色，也没有对灯饰做出褒贬评价，根据李先生在网上查的行情，这几款漂亮的水晶灯大概会在7000元左右。

　　老板看李先生在店里转了两圈却不言语，以为没有购买之意，便开始卖力介绍起来："这些全是施华洛世奇水晶，无铅、底蕴丰厚，设计极具人性化，你看看这些细节之处，对称也特别合理，比较有空间美感！华丽、高贵！在这个城市，这样的灯很难找到！"李先生知道老板误以为自己对店里的灯饰没有看中，如果自己依然沉默，估计老板会降价处理。

　　果真，老板看到李先生并没有表现出购买之欲，依然一言不发，主动提出优惠："如果你打算购买，我给你最高优惠，员工内部价，8折，这几款原价都是7000多元，现在5600元！"李先生依然不言不语，老板又继续降价："这几天，正逢节假日搞活动，如果你几款一起买的话，我给你个活动价，这几款都按5000元！"李先生欣喜有加，接过话说："嗯，我也不想到处逛了，就这几款吧！"

　　结果皆大欢喜，老板做了一份生意开心，李先生以最大优惠买了自己想要的灯饰。

现实中，心理战争常常会悄无声息地发生，有时候失败与你聊天中过多地暴露自己有着很大的关系。为避免出现这种情形，最好管好自己的嘴巴，默默地听对方多说话。当然，让对方多说，还是一种礼貌、一种尊重、一种进一步加深感情的交流捷径。

聊法：●　●　●

（1）找问题法：巧妙提问，以问题引出聊天话题，让对方通过回答你的问题来抒发自己的感慨和意见，例如，你说："最近，某某大明星的离婚事件炒得纷纷扬扬，是不是又在为其新电影炒作呢？"对方："应该不是吧？谁会拿这样的事炒作呢？都说家丑不可外扬！这个大明星才不会这么傻吧？……"

（2）抛砖引玉：谈自己的观点、看法，故意丢失一些重要的信息，或者思想观点不客观，这样，对方就会指点出你话题的不足，打开话匣子。例如，你说："这个牌子的饮料最近卖这么火，全是广告做得好呀！"对方："不全在广告做得好，这个饮料本身就好喝，而且属于有机饮品，无污染……"

12 如何让对方轻松自如地跟你聊天

初次见面，想跟对方聊得轻松自如，就要学会选择适合自己的聊天方式。尝试一下"以柔克刚、以退为进、以守代攻、以静制动"策略，同一件事，选择一个适宜的角度，用不同的表达方式来聊，保持自然的心态，让对方感觉到你的友好、和蔼、宽容、真诚、放松。

反之，若聊天时，总是一副盛气凌人的架势，不尊重对方，那么交流多半会以失败告终，因为人人都有自尊心，谁都不希望自己被他人随意地支配。即使双方观点、立场、意见不一致，也不要口出恶言，感情用事地否定、反驳，甚至发生冲突，更不要说出类似"势不两立""有你无我"的话。照顾对方的面子，留有余地，才能互不尴尬，以便下次见面还能轻松自如地聊天。

很多时候，聊天就像给气球充气，充得太满，很容易会爆炸。试想，如果在聊天的过程中，无所顾忌地施加压力，苛刻指责，那么你在对方心目中的形象将大打折扣，而你自己也并不快乐，只会因此生气、郁闷，你们之间的聊天氛围注定是紧张的，甚至会让人觉得窒息。所以，与对方聊天的时候，要放松身心，用诙谐风趣的语言化解危机，用大度和幽默博得

我觉得这一款大衣比较适合你，你选这款。

这个我才不喜欢呢。

KEY TIPS

聊天时，不要对人指手画脚、下指示、下命令，要友好一点，微笑一点，温柔一点，用请教、征询、协商的方式同对方聊天，减少命令性、强制性语言的运用。

你的这篇论文写得太糟糕了，简直不忍直视。

拜托！你写得好你帮我写呀！

KEY TIPS

发现对方的不当之处，不要无所顾忌地直接批评他、大声地指责他，因为批评和指责解决不了任何问题，只会让对方心生反感和怨恨，聊天很可能变成争吵。

对方的尊敬，机智灵活，八面玲珑，不拘小节，随和，易处，才能处变不惊，游刃有余地应对各种人际关系。

　　季先生因为创业失败，欠下了大量的外债。无奈之外，他卖掉了所有的房产，但还是没有还完债务。于是，季先生只好连他那辆心爱的名牌轿车也卖掉了。没有了汽车，他便买了一辆电动自行车用来代步。

　　某天，天气非常好。几个好友邀请季先生去野餐。季先生骑着电动自行车，带着他的妻子前去应约。天气好，大家的心情也不错，见面后高兴地聊起天来。在相谈甚欢的时候，一位朋友的新婚妻子不知道季先生刚刚经历了卖房卖车、破产还债的事情，突然脱口而出："你住的地方离这里这么远，为什么不开车过来啊？"大家一时错愕，场面突然变得很尴尬，但季先生却不急不缓地回应道："我们骑电动自行车，是因为我想让我的妻子抱着我。"大家一听，哈哈大笑起来，尴尬的气氛一扫而空。

　　德国著名演讲家海因·雷曼麦曾说过："用幽默的方式说出严肃的真理，比直截了当地提出问题更能为人们接受。"要想让对方对你产生好感，说话前就要先斟酌思量——如何让对方轻松自如地跟你聊天，考虑什么场合之下该使用什么语言，不要不动脑筋想到什么说什么，以至于引起别人反感自己还不知道。所以，心直口快的人一定要多培养自己的深思慎言的作风，切不可不考虑他人感受只顾自己意愿随意说话。

聊法：●●●● ∙∙

（1）过分客气，会显得很见外，让人不自在。如在熟人和朋友之间还不停地使用敬语"请""谢谢""您"……

（2）一旦失言，立刻向对方道歉。说错话，伤到对方，对方心里就会不舒服，不愿意和你继续深聊下去，要立刻承认自己的错误，对方才会放松身心，保持继续深聊的意愿，如"对不起，我一时着急，没有想到恰当的词汇！"

（3）瞄准最好的时机，适当地开个小玩笑，活跃一下气氛，让对方在心理上有了愉悦感，聊天氛围会立刻从紧张变得轻松自如，如"长得漂亮真不容易，作弊都容易被发现，因为监考老师都要多看几眼。"

（4）巧妙地赞美，俗话说："良言一句三冬暖！"聊天时，适时地赞美对方，是对对方最真诚地肯定，是一种鼓励，也是一种信任，更是传递友情的代表信号。如"真的，这款手表带上挺显气质的，你太有眼光了。"

13 听完对方的话后，再发表你的见解

培根曾说："打断别人，乱插嘴的人，甚至比发言者更令人讨厌。"不顾忌对方的感受，不分场合，不看时机，随意打断对方说话，或者随意插话，都是不尊重对方的一种无礼行为。这样，不仅会扰乱对方说话的思路，还会让对方心生反感甚至会产生误会。在聊天的关键时刻，你有可能会因此失去一笔生意，失去一份工作，甚至失去跟对方交朋友的机会。

而善于聊天的人，会像一位优秀的钓鱼者，他会先静静地、认真地聆听对方的话，听对方说完后，明白对方聊天内容的主题思想和真实细节，用心去揣摩和分析，然后抓住适宜的时机，扔出诱惑的"鱼饵"，有的放矢、顺水推舟，接住对方的话，针对性地发表自己的见解，引导或激起对方的谈话兴趣，让对方继续说下去，从而促使聊天效果最佳化，这就是所谓的投其所好。

聊天本是双方的活动，对方说的越多，你就越了解对方，见解也就越深刻，双方进一步深谈的机会才能加大。当然，在这个互动的过程，你要特别注意一些礼貌性的问题，例如，发表见解之前，要先听对方说完，打个招呼，表示你有想法要表达，让对方有个心理准备；或者，点头致意、微笑，表示欢迎进一步的探讨，这样，双方都会有愉悦的交谈体验。

你觉得我这种方法如何？

是这样的，其实对于这个问题……

KEY TIPS

听完对方的话后，不要立即回话，在回话之前先停歇 1 秒钟，让对方意识到你在认真聆听对方。

你的包是今年 LV 新款吧？

嗯，是的，是一个朋友前几天去美国带回来的！

KEY TIPS

初次见面，媒介物是引发对方深入聊天的工具。一般情况下，对方周身的媒介物都是对方最感兴趣的东西，也容易使他自我表露，双方的共同语言也会随之增加。

　　某高中计划开月底家长交流会，课间，李同学跟几个要好的同学一起聊起来，他抱怨说："每个月底，都要接受'狂风暴雨'的袭击，一开月底交流会议，就会出现'老师批评、家长责备'的郁闷场面，这个会议，简直就是他们联合起来，来打压我们这些差生的会议。"

　　恰巧，被高年级的一位班主任老师听到，本想对他"动之以情、晓之以理"的劝导，结果，听到李同学滔滔不绝表达自己的想法和感受，这位班主任便没有发表任何见解。等李同学抱怨完，这位班主任才发言："虽然你们不是我的学生，但是我还是告诉你们，月底交流会，是家长和老师直接交流的良好机会，在交流中，你可以知道你学习中的不足之处，加以纠正和修改；你还可以明白你在学习中的优势，继续保持这种良好的状态。这样，你才可以知己知彼，百战不殆！"初次见高年级班主任，对方又说得有理有据，李同学不好意思反驳，便点头称赞。

　　高年级班主任对李同学错误、消极的观点是持反对态度的，但没有直接加以反驳，没有贸然打断对方的话，而是等对方说完后，才发表自己的见解，这样，对方的抵触心理就会减弱很多。试想，如果高年级班主任没等李同学说完，就亮明自己的态度、摆明自己的观点，就完全没有了预期的效果！

初次见面，想要对方喜欢你、接纳你，就要耐心地听对方说完话，再发表自己的见解！因为聊天跟为人处世的道理大致相似，都有一个源头，如果源头都是错的，那么就会一错再错。"听"，就是这个源头。老板给你交代的任务，你理解错了；朋友托你办的事情，你会意反了；爱人暗示你的情意，你根本不知，这些都是你没有用心去"听"的后果。如果用心去听，这些问题完全可以得到有效地避免。更重要的是，用心去听别人说话，并有耐心听完别人说话再发表意见，这体现的也是我们为人处事的一种素养，具有这种素养的人会得到他人的尊重与关注，在人际交往中也会越走路越宽。

聊法：● ● ●

（1）聊天中途，对方想得到你的理解时，为表示你认真倾听的诚意，你就要用简单的语言表达出你的所思所想，让对方明白你对他的话的了解程度。如"你的观点是……""你的意思是……""你是说……"

（2）聊天中途，对方面露迟疑，怕你对他的聊天内容不感兴趣，你就要及时消除对方的顾虑，给对方以深聊的鼓励。如"真的吗？我对此很感兴趣。""你能深入谈一谈吗？""快说吧！我正想弄明白这件事！"……

（3）聊天中途，对方心烦气躁、无端愤怒，不能控制自己情绪的时候，要用简单的语言疏导对方的心情，让对方适时地发泄一番，这样有助于彼此间的聊天继续深入下去。如"这真让人气愤！""你是不是很难过？""我理解你的感受。"

14 理解对方的话，你们的闲聊才"同频"

俗话说，"闻其歌知其鸟，听其言知其人！"倾听，最关键的就是听对方的言外之意，从对方的话语中"会意"出更多信息——对方从事什么工作？是一个什么性格的人？他的兴趣、爱好是什么？……这些你洞察出来的言外之意往往比对方直接告诉你的信息要准确。如果你认真倾听，用心去分析、用心去感受，真正走进对方的世界，感受他的生活和处境，你就会发现，每个人的世界里都有精彩的故事，这些故事有的高兴、有的痛苦、有的浪漫、有的悲凉……只有体察到这些，在同对方闲聊时，你才能理解对方的话，你们的闲聊才能"同频"。

通常情况下，聊天是有来有往的，当你与一个人聊天时，你不仅要让对方感到你在听，还要适时地表达自己的意见，及时地响应对方、反馈给对方。如会心的微笑、赞同地点头、简单地重复等，这样对方才能感受到你在认真听、你理解了对方的话、明白对方讨论和关心的重点在哪里、了解对方的观点或感觉。

主管应该把年终旅游计划提前一些，哪怕是赶在周六日，也比节假日好多了。

嗯……主管开会说的推广方案什么时候交？

KEY TIPS

聊天的时候，如果心不在焉，常常会出现对方在聊这个话题，而你却突然转到另一个话题，完全不同频道。

我这份工作真是太讨厌了，经常加班加点，活活累成一条狗！

是呀！这么累，给公司做的贡献这么大，老板应该给你加工资才对！

KEY TIPS

即使认同对方的观点、看法、感受，也不要不断地重复肯定，这会让对方感觉你在模仿、在敷衍。不妨，将对方所表达的内容换成自己语言与视角再送过去，这样听上去会舒服很多。

某保险公司的王先生打电话向陈小姐推荐保险。

没等王先生说话，陈小姐就陷入高度戒备状态："听朋友说，保险都是骗人的，我不会上当的。"

王先生听之并未生气，问道："您能说说原因吗？"

在王先生的引导下，陈小姐开始滔滔不绝地陈述起来："你想呀！假如我和我先生投保 6000 元，6000 元现在可以买一个苹果笔记本，10 年后再领回 6000 元，恐怕连部普通的智能手机都买不到。"

听到这里，王先生微微点头表示同意。

见王先生同意自己的观点，陈小姐情绪更加高涨，继续进一步陈述自己的想法："10 年后，一定会出现通货膨胀，物价上涨后，就会出现人民币贬值，这样钱就不值钱了，那 6000 元就会一眨眼不见了。"

王先生对陈小姐的观点并没有反驳，而是说："您考虑得非常有道理，就是因为担心通货膨胀，所以很多人都积极寻找一些新的投资。其实保险看似一种保障，实际也是一种投资……"

接下来，王先生便从当下投资环境、保险的特点，以及王小姐的家庭实力各方面做了分析……

陈小姐看到王先生一直面带笑容地倾听，简单地反馈，相谈甚欢，亲切了很多，不知不觉消除了对王先生的戒备心理。

一次成功的交流，就如同一场接力赛，当接力棒捧在对方的手里时，你要为之喝彩、为之加油！想保持这样的"同频"，就要精神集中，心无旁骛，专注于对方的谈话，努力捕捉对方的表情、动作，理解最重要、最关键的信息，揣摩对方想要表达的感情和内容，从而深切地体会对方的感受，并积极地回应。这样，双方才能投入到兴致盎然的聊天中去，才能顺利地达到自己的目的。

聊法 : ● ● ●

（1）用一些手势、动作表示你在倾听，因为动作和手势能最直接地表达情感。比如，两眼要凝视对方、正视对方，不仅表示对对方的尊重，还可以用眼神交流感情。

（2）不要表现一种不耐烦的态度，如果你不想参加这个话题，你大可以用适当的语句逃脱，比如说"不好意思，要上洗手间，或对不起我赶时间，下次我们再聊"，等等。这些是有礼貌的拒绝，比脸上挂着不耐烦强得多。

（3）随声附和，主要是随着对方讲述的剧情而对话，适当赞美或表达竟见。如"深有同感，我也经历过这样的事情！"

15 要想得到好回应，就要学会提问技巧

真正的交流，就像打乒乓球一样，把球打出去，让对方打回来，这才是真正的有效互动。聊天中，想达到如此的效果，就要学会提问技巧。善于聊天的人，常常把提问当作一把万能钥匙，在一问一答中控制聊天的节奏和方向，拨动对方的心弦。

特别是在面对少言寡语、内向羞涩的陌生人时，这些人往往惜字如金，总是喜欢用"嗯！""啊！""是！""不是！"等模糊词语回应你，以至于你都无法知道他的真实想法。这时，不妨向他提出一个的问题，然后用微微的点头、赞许的眼神、真诚的微笑期待他的回答，暗示他，如果他的回答很有价值，就进一步鼓励他详细地讲解他的观点！

但是，提问也要讲究方式方法，好的问题以一生十，就像从一个混乱的毛线团中找一个线头，只要顺着这个线头一点一点向外开捋，那么无论线团如何乱，都会一点点捋顺……除此之外，还要避开一些禁忌，避免给自己带来不必要的麻烦。

初次见面，要根据实际情况灵活地提问，先在大脑里有一个问题的大体轮廓，再想一下怎么去表达这个问题，最后，在恰当的时机提出来，才能取得一个良好的效果。

这件事情就这么结束了？你们再没见面？他现在怎样了？

别着急啊，听我慢慢说。

KEY TIPS

提问的时候，要给对方接受信息和思考的时间，问题要简洁、短促，不要一下子连续提几个问题。

听说，策划部的小李和小张最近闹矛盾了，怎么回事？

哦！是这样……

KEY TIPS

提问的时候，不要夹杂自我的情感和期待，最好保持中立，如"你希望怎么做？""你有什么办法？""你感觉如何？"

某城市东城区有两家卖面的小店 A 和 B，A 店和 B 店面的味道和质感上相差无几，两个店的客流量也基本一致，表面看上去，生意也都一样特别红火。但是，忙了一天，晚上算账的时候，B 店的营业额总比 A 店多出个二三百块，天天都是这样！

是什么原因使 A、B 两店出现这样的情况呢？原来，在于服务员的聊天技巧和提问方式上。消费者走进 A 店的时候，服务员热情周到，八颗牙式标准微笑，盛好一碗面后，就问消费者："您加鸡蛋？还是不加鸡蛋？"消费者有的喜欢吃鸡蛋就加一个，不喜欢吃鸡蛋的就不加，大概是半对半的比例。

而消费者走进 B 店的时候，服务员同样八颗牙式标准微笑，同样热情周到，给消费者盛好一碗面后，就问消费者："加一个鸡蛋？还是加两个鸡蛋？"消费者有的喜欢吃鸡蛋就加两个鸡蛋，不喜欢吃鸡蛋的就加一个鸡蛋，要求不加鸡蛋的则少之又少。

同样的环境下，B 店因为掌握了提问的技巧，为自己赢得了更多的回头客和更多的收入；A 店店主却因为没有掌握提问的最佳方式方法而丢失一部分收入……

可见，提问是一门艺术，不仅可以让对方更好地回应你，打开对方的"话匣子"，还可以促进聊天的顺利进行。当然，提问时，要注意方式方法，良好的方式方法可以得到更好的回应。

聊法：●●●●　···

（1）问对方熟悉的问题，避开对方陌生的问题。无论哪个行业，每个人都有自己擅长的领域，选择对方精通的问题，进行聊天，一定会引起对方的兴趣，使其侃侃而谈。

（2）问对方小的问题，避开大的问题。初次见面，聊天一般是即兴的，事前没有多少准备的，所以问小问题比较适合闲聊的情形，问大问题往往会给对方"将一军"的感觉，闲聊很可能陷入僵局。

（3）问对方最近发生的事情，避开久远或未来发生的事情。一般人对近况和新发生的事情比较记忆犹新，比较有话题聊，对久远或未来发生的事情，记忆会断片，或者难以预测，不利于聊天的顺利进行。

（4）注意避免提问禁忌，比如有关隐私、宗教等对方不想让别人知道或者对方不知道的事情，最好要控制好自己的好奇心，不去过问。时刻牢记，提问只是给对方更多的说话机会，引起对方聊天的兴趣。

16 与其设计聊天方式，

不如顺其自然倾听对方吐槽

　　虽然每个人有不同的生活习惯、不同的兴趣爱好、不同的家庭环境，但是有一点是确定的，那就是每个人都是社会角色和家庭角色的扮演者，总会面临这样那样的问题、麻烦和困境。于是，便出现了种种的吐槽情形——吐槽社会、吐槽家庭、吐槽亲戚朋友、吐槽邻里街坊。比如，"公司的考核制度就是不合理！""现在学校给孩子的压力太大？""我那邻居总是借钱不还！"这往往使那些费尽心思设计聊天模式的人感到束手无策，"吃顿饭光听李主任吐槽了，正事一点都没谈！"

　　"霍桑效应"理论指出，很多人因为无法实现自己的意愿、无法满足自己的情绪而影响工作和生活，正确解决问题的方法就是千方百计地吐槽出来，心情就明亮了。这就像水池的"堵"与"疏"，吐槽出来，疏通了，杂质就会随水流走了，水池的水也就干净、明亮了。

　　然而吐槽，总需要倾听，需要被人了解，需要被人关心，需要鼓励。当你顺其自然地倾听对方吐槽、感同身受时，要记得温柔地劝慰对方，帮助对方共同解决难题，对方会觉得跟你聊天不但很舒服，还能得到很多有用的建议。

我同学气死我了，本来今天心情挺好的，跟她去看场电影，结果生一肚子气，还不如自己宅在家里呢！

真糟糕，究竟发生了什么事情？

KEY TIPS

吐槽，是转移情绪的出口。当对方情绪不好的时候，要认真倾听，引导对方把不良情绪转移出来。

一天，刘先生气愤地跑到家具定制公司杜总的办公室，大喊道："杜总，你们太过分了。我们合作这么多年，竟然怀疑我欠你们公司钱！我从不欠账！如果你们坚持说我欠你们2万元，我以后再也不会定你们公司的任何产品！"

杜总看到刘先生火气很大，面露微笑、静静地听对方吐槽。

"你公司财务部的员工三番五次地给我打电话、打电话，烦不烦？要我说多少遍，是你们搞错了，我并没有欠你们钱！"

杜总本想打断对方，解释一下，但是看对方火气那么大，干脆让对方彻底发泄一下自己愤怒的情绪。

"搞什么嘛？太伤人了！我从郊区赶来，就是想当面给你说这件事的。在这里，我再说一次，我不欠你们公司钱！"

吐槽完，怒气消尽，杜总才心静气和地跟刘先生说："你从郊区特意赶来跟我说这件事，我向你表示感谢！你提醒了我，我们公司员工的工作出了问题。那么，别的顾客也会因此不买我们的产品，像你一样。相信我，我比你更想查清楚这到底是怎么一回事。"

刘先生见杜总态度如此好，反倒不好意思起来，说："不好意思，我有点激动，希望你们尽快调查此事。"

杜总说："从现在起，我们一起忘掉这件事，肯定是我们公司财务部搞错了，他们每月都要打理几千份账单；而你只有这一单账目，你又那么细心，肯定不会错。我现在很明白你的心情，如果换做我，我也会像你这样跑来说明情况。"

此时的刘先生已经消了气。

杜总请刘先生吃了午餐。餐后，刘先生回家特意检查了一下自己的账单，发现这 2 万元的账单藏在抽屉的一个角落里，原来是自己搞错了，立即转账给杜总公司财务部，还订了很多产品。

与其费尽心思设计聊天方式，不如顺其自然倾听对方吐槽，当对方火冒三丈地倾诉自己的不满时，你不要做任何地解释，更不要做任何地反驳，而是耐心地倾听。等对方吐槽完，定会在你的忍耐心和同情心面前投降，最终赢得对方的心。

聊法：●●●

（1）倾听对方吐槽的时候，要站在对方的立场上想问题。因为每个人的价值观和人生观不同，感受和见解也会有差异，因此要站在对方的立场上，准确地理解对方的真实想法，如"站在你的角度，你的想法是不是这样的？"

（2）倾听对方吐槽的时候，态度要诚恳。重视对方的观点和意见，必要的时候重复对方的话，如"你熬了通宵也没做完？""你们经理忘了？居然忘了？"

（3）倾听对方吐槽的时候，注意自己回应对方的措辞。可以是解释，可以是同情，也可以是说服。如"真的吗？真让人伤心的事情！"

17 话题不是你，也同样聊得嗨

心理学发现，人们大部分关注的是与自己有关的事情，很少在别人身上放心思。初次见面，想让对方多说，就要在话题上多下功夫，找到好的话题，以对方为中心，给对方创造主动聊天的机会，刺激对方说更多的话。比如，寻找到共同关注的东西、共同的爱好，你即使只简单地反馈，气氛也会很愉悦，效果可能会意想不到。

然而，生活中总有一些自恃清高之人，以为自己阅历丰富、思想前卫、年轻有为，喜欢以自己为中心，表现欲强盛，或炫耀自己的知识渊博，或喋喋不休地争论，或毫不留情面地直接指责，只要话题与自己无关便觉得话不投机，不想与对方继续聊下去。

其实，无论话题围绕着什么人来进行，我们都要与对方保持话题的持续性。如果话题与自己有关，那么可以适当表达自己的观念；如果话题与自己无关，甚至自己根本无从插话，那么不妨做一个安静的听众，认真倾听对方的开心与忧伤，与对方一起分享和承担，对症下药，找出解决问题的办法，对方会认为你是一个善解人意的人、懂他的人。俗语说："酒逢知己千杯少，话不投机半句多。"一旦触动对方柔软的内心深处，对方便很可能会一时动情，将自己掏心窝的话一股脑倾倒给你。

这家店装修得不错哦！你看，墙面上的瓷盘装饰很别致！

确实，设计的特别有意境，我有个朋友是做设计的……

KEY TIPS

共同的兴趣、爱好毕竟是有限的，要想让聊天的内容更丰富，引导对方从周围环境方面找话题，随时把话题转移到周围的事物上，步步打开对方的话匣子，增进双方进一步的了解。

　　某城市一家大型手机公司要购买一批材料，看过所有的样品，最后给三家比较不错的公司发出了谈判邀请。谈判的重要性不言而喻，三个公司的代表都在积极备战。

　　谈判前一天，X公司的代表刘先生突然热伤风，咽炎复发，嗓子肿痛，说不出话来。他一直忐忑不安，怕影响这次谈判，导致这份合同签不成……他进入谈判厅的时候，看到对方公司包括董事长在内的谈判小组都在，他努力想说话却说不出来，只好拿一张纸，上面写道："对不起，我咽炎复发，无法出声，请大家就我公司产品发表意见。"

　　谈判小组对X公司产品展开了热烈地讨论，刘先生微笑着听他们从产品的样式聊到性能，从性能聊到更新换代的新产品……只是配合地做一些手势，观点共同处点头致意，结果，出人意料，刘先生顺利与X公司签立合同！

　　刘先生总结说，制造话题让对方多说话，照样可以聊得嗨，照样可以顺利解决问题。相反，如果当时喋喋不休地介绍自己的产品的话，说不定签不成合同。

　　法国哲学家拉罗什富科曾说："如果你想得到仇人，你就胜过你的朋友，可是，如果想获得更多的朋友，就让你的朋友胜过你。"把机会让给对方，是对对方的最大尊重，不仅可以满足对方的自尊心和说话的欲望，还可以推进事情的顺利进行。

聊法：● ● ●

（1）引导分享开心、愉快的所见所闻。当对方用欢乐、喜悦的口吻，聊生活、工作、学习中开心、愉快的经历时，这件事情马上变得生动有趣起来。例如，"本来有个曾经暗恋过我的大学同学来我们这个城市，打算见我一面，我犹豫着见不见呢？我老公突然坏笑着跟我说'去吧！去吧！快去吧！好让人家死了这份心！'"

（2）聊天的过程中，多些肯定少些否定。初次见面，如果对方聊得正嗨的时候，你跟对方的观点不一致，就指责对方、否定对方、批评对方，对方很容易产生抵触情绪，聊天氛围也会陷入尴尬中，如用"不对吧？你这样说有点过于夸张"这样的句子。

（3）从对方自身找话题，引导对方找到话题突破口。引导对方聊一聊平时的爱好、学术专业等，聊一聊梦想，聊一聊现实，你启发后对方的思绪就打开了，也就有新话题了。

18 谈资越多，闲聊的效果越好吗？

心理学研究发现，人在接收信息刺激的时候，存在一定的主观容量，一旦过量了，刺激过多、过强或作用时间过久，就会引起不耐烦或逆反心理。同理，聊天中，过多的谈资不一定是好事，有时甚至会事与愿违，起到相反效果。古有："大辩若讷！"最会聊天的人不是滔滔不绝、口若悬河地雄辩之士，而是聊到点子上，用言简意赅、恰当地阐述自己观点的人。这样的人在交流中，从不与对方不停地周旋，而是抓住问题的关键，一语击中要害，不会让对方感到烦乱，才能抓住人心。

谈资不在多，而在于效果。会聊天的人明白，人与人之间有很大的差异，在乎的话题不同、感兴趣的话题不同、有成就感的得意话题也不同，聊天的时候，他们往往会提前了解对方的喜好、秉性以及成就，"对症下药"，抓住关键，从而更轻松地满足对方的心理需求，达到自己的目的。

从有限的谈资当中找到共同话题，是实现良好沟通的关键。所谓共同话题，是指两个人对某一个话题有不约而同的熟悉或好感，最好是真正意义上的默认感觉。将自己的热忱与经验融入谈话中，聊恰好也是对方想知道的事，这是打动人心非常有力的方法。一定要抓住对方关注的东西去展

我平时最喜欢旅行，特别喜欢去欧美国家。

我这老太太是走不动了，更别提旅游了。

KEY TIPS

根据自己的个人喜好喋喋不休，很可能会出现"对牛弹琴"的局面，或者造成"话不投机半句多"的尴尬情况。所以，我们要根据不同的谈话对象，制定不同的说话策略。

开话题，而不是只挑自己喜欢的话题去聊。只说自己喜欢的话题，就会因没有共识而达不成共鸣。你和交流的对象就像两条平行线，再怎么延长都不会有交叉的时候。

小李是经验丰富的财务人员，已经工作几年的他无论是专业知识，还是业务水平都非常不错。离开原来的单位重新找工作时，他去了很多家公司面试，结果全部都通过了，面试的几家公司都希望录用他。

之后，他来到一家公司复试，面试的经理问他："你对未来的薪水有什么要求？"小李说："与我能力相当"。那个经理说："如果你是一个一流的财务人员那么你就会有一流的收入，而一流的收入又得靠你一流的专业技能。我们的公司有很大的平台可供你发挥，我们会让你的能力与你的薪金成为正比的，这需要我们的支持，更需要你自己的努力。"小李感到经理说得非常有道理，二人达成默契。之后，小李也没有让经理失望，越做越好。

有一天小李与经理闲聊的时候对经理说："当初选择在这里工作就是因为经理的一番话才留下的。"经理笑着对小李说："其实想录用一个人，很简单，就找一个可说的话题，从而抓住人的心理。比如说招财务人员，你要判断这位财务人员渴望获得什么，并竭力地吸引他。如果你发现他需要一个较高职位，你就应向他表示你能为他提供一个高职位；如果他寻求安定，那么你就跟他讲安定；如果他在意进一步深造，你就和他讲这个话题。"

想提高聊天的效果，寻找共同话题，可以从一些轻松的、大众的、普遍的话题入手，然后一步一步了解对方感兴趣的地方。另外，话题也要进行适当的调节，要随着参与者的兴趣变换。善于调节话题的人，能敏感地意识话题的适可而止，并在适当的时机用适当的语言转换话题，从而使气氛更加轻松愉快，使空间宽阔，更有话可聊。

聊法：● ● ●

（1）不要为了表现自己而不懂装懂。初次见面，有些好强的人怕自己落在对方后面，为了保全自己的面子，拼命地寻找话题，甚至一知半解又处处装腔作势，不懂装懂，给对方留下自强自大、虚伪的印象。

（2）忌口无遮拦，想说什么就说什么。即使是闲聊，也要注意自己说的话合不合适，是否会让对方心里不愉快。例如"你是不是被公司裁员了？""这次评职称恐怕又轮不到你吧，大家都比较看好李老师"等。

（3）忌绞尽脑汁不停地变化话题，而忽视对聊天本身的关注。初次见面，彼此不太熟悉，怕无话可聊而陷入尴尬境地，拼命找话题，而忘记关注正聊着的话题，这很容易让对方陷入无穷无尽的枯燥中。如你："吃饭了吗？"（提出一个话题）对方："吃了。"你："最近《XX》电视剧挺好看的，你看了吗？"（又提出一个话题）对方："没看过。"……

　　（4）给对方稍作歇息的时间，让对方发一会儿呆。不停地聊天，会让对方嘴巴和精力处于疲惫状态，不妨给对方一点时间放空，储存更多的能量进一步聊天。

19 对方说的越多，你得到的信息越多

古人云："知己知彼，百战不殆。"善于聊天的人，总会使出各种各样的手段，让对方多说，然后，从各方面的信息中，由表及里、由此及彼地分析思考，清晰对方真正的意图，看出对方的真情所在，这样，了解的信息越多越全面，就越占先机，在交往中就越游刃有余。

有人说："一个人学会说话时必须同时学会听话"，这一点很关键，如果你不会"听"，你就无法从别人说的话中了解对方的很多信息，更谈不上去理解对方内心的真实想法和感受了。对于交际而言，了解对方是成为朋友的前提，说话是为了表达内心的世界，想走进对方的世界，就要会"听"对方的声音。所以说，会"听"才会"意"，会"意"才会"说"。特别是销售行业，了解对方就是成功的一半。有些时候，不是产品的性能打动了客户，而是你的话打动了对方。想要有一个打动对方的效果，就要了解对方的意图方可有对策。

要想更全面地获得对方的信息，就要认真聆听，从细微处着手，由小到大，由微见著，细细观察对方的每一个动作，分析其心理；细细观察对方的每一个表情，分析对方的心情；通过观察对方的衣着打扮，猜测对方

都不是，我们以前是同事。

你和你老公是同学，还是老乡？

KEY TIPS

初次见面，先向对方投一颗"石头"，试试深浅，了解大体框架和脉络后，再有目的地进一步交谈。

我在微信里常常看到您发你家宝贝的照片，她太可爱了！她上幼儿园了吧？

哈哈，是的，我女儿今年四岁了，去年上幼儿园，她……

KEY TIPS

抓住对方的兴趣点，就找到了对方最想聊的话题。

的个性；仔细去看对方的配饰、陈设，思索对方的兴趣、爱好……不明白不清楚之处，不涉及禁忌，还可以直接问对方。

武先生受邀请去参加一个大学同学聚会，聚完餐，大家一起去 KTV 唱歌。武先生五音不全，不好意思献丑，就干巴巴地坐在角落里，而旁边正是武先生在大学时期暗恋的对象——一位文静的女生。出于好奇心，武先生特别想知道对方的一切。

武先生将一瓶饮料递给对方："我看到你 QQ 空间里面的说说，你最近去了香港？"对方一提旅游就开心万分："是呀！玩得好开心！和我老爸老妈一起去的，没想到他们老年人还那么有童心，在迪尼斯乐园整整玩了两天，开心不已！还买了一堆纪念册。后来，还去了香港海洋公园，那里也特别不错，好想有时间再去逛逛！"

"是吗？我也有这个打算！"武先生表示同感。

"你愿意做这个护花使者？你不怕吗？我可是没有男朋友的哦！"

这正合武先生心意："如果你不嫌弃的话！你大概什么时候有时间？"

"我现在做设计工作，时间倒是比较自由，一周两天假，法定节假日放假，看你的时间了。"……

一个月后，两人同时去了香港游玩。一年后，双方幸福地走入了婚姻殿堂。

查尔斯·洛桑说过："要令人觉得有趣，就要对别人感兴趣——问别人喜欢回答的问题，鼓励他谈谈自己和他的成就。"上例中，武先生只是根据对方的喜好，提出了一个问题，然后就引发了对方一大段闲聊的内容，正是从这段闲聊的内容中，武先生得知对方还没有男朋友，并且在不知不觉的聊天中，与对方相约一起去香港旅行，最后抱得美人归。

由此可见，聊天的时候，诱使对方多聊，从其滔滔不绝中得到自己所想要的信息是多么重要。

聊法：● ● ●

（1）用插入语引导对方说出自己想得到的信息。用插入语的时候，一定要巧妙、要有礼貌，例如，"您今天聊得太有意思了，特别受教，特别想听听您对公司产品创新方面的见解……"

（2）当对方用总结语的时候，你要意识到告辞时间到了，应该结束聊天了，例如，"好的，就这样吧！我确保一个星期内将这件事办好！"

（3）用探讨的方式引导对方说出自己想要的信息，说出自己的相关意见，与对方探讨，诱导对方说出自己相应的话题和建议、想法等，例如，"这个问题应该还涉及到员工积极性调动、员工素质的提高、招聘制度的改革方面，您觉得呢？"

（4）即兴引入。以某某方面的情景为题，诱导对方说出自己

想要的信息，例如，"这么热的天，你们还在用洒水车洒水，好
辛苦呢！"一句话，引起对方艰苦劳作的话题。

20 故意否定对方的话，试着说"我不知道"

很多人由于害怕得罪别人，引起对方不愉快或触怒对方。初次见面时不敢或不好意思否定对方的话，即使心里明明不太认同对方的话，却又不敢直接否定，然而又无法表示认同，于是在这种矛盾的心理状态下，容易出现"吞吞吐吐、欲藏又露、欲言又止"的尴尬情形。其实你的这种表现反而更容易引起对方的误会，对方可能会误解你架子太大，不拿对方当朋友。

相反，如果聊天的时候，我们能够勇敢地否定对方的话，就会很容易避免对方误会和猜疑。可能刚开始的时候，对方会有一些不理解，有点失望，但是，只要态度真诚，对方就会找理由展开聊天的新进程。

"YES，BUT"定律指出，想否定对方的话，不要直接上去就否定，而应该先试着说我不知道，顺着对方的思路走，赞同和表扬对方的观点，然后再指出其失误之处，说出你的不同意见，这样，对方更容易在心理上接受。因为人都是要面子的，给对方留足了面子，就是给对方的尊重和重视，对方才能接受你的观点，你才有进一步的说话权，否则，容易激发对方的抵触心理。

以前我们都觉得您挺难相处的，但现在觉得您不但真实，还很幽默！

哈哈，是吗，看来我把你们都欺骗了。

KEY TIPS

初次见面，最好多赞美对方，不要轻易否定对方。但，有一种否定，对方是可以欣然接受的，那就是先抑后扬——否定曾经，肯定现在。

谢谢！您太高抬我了！

我很少佩服别人，您是例外。

KEY TIPS

初次见面，用"否定其他，肯定对方"的方式将对方捧起来，给对方一种唯我独尊的感觉，对方可能会十分注意维护这种好形象，进一步加深彼此的友好关系。

陈小姐是一家服装店的销售员。店里其他销售员给顾客推销服装的时候，总是容易遭到对方的拒绝，即使一些顾客明明看上去比较喜欢店里的服装，最后不知什么原因也会放弃购买。但是，陈小姐总是能跟顾客聊好长时间，她的销售量经常是其他单个销售员的两倍。

于是，店里其他的销售员向她取经。她说，要有耐心，先认真倾听顾客的话，顺着顾客的意思说，等取得了话语权，聊得比较好的时候，再提出自己的想法，引导对方听取自己的意见。例如，顾客经常会说："我对这件衣服不感兴趣！"店里其他销售员听到顾客说这句话，就慌忙取其他的衣服加以替换。但是，陈小姐很会利用"'YES，BUT'定律"，会接着顾客的话说："您说得很有道理，我觉得这件衣服这里也不太符合您的想象。"这时，对方会反问："既然你知道不符合我的想象，为什么还推荐这件衣服给我呢？"这就给陈小姐一个表达自己意见的机会，接着，她就会把这件衣服的优势说给对方听，让对方逐渐感兴趣起来。

相反，如果陈小姐一开始就不同意顾客的观点："你错了，这件衣服很适合你！"就会很容易触动对方的抵触心理，就不会再给她机会让她说下去。陈小姐懂得先认同对方的观点，对对方的观点先持肯定态度，再表明自己不同的观点，才缓和了说话气氛，为自己争取了说话的机会，增加了自己的销售量。

可见，否定对方的话，需要配合相应的技巧来展开，只有掌握了这些技巧，才会既不得罪人，又能让别人欣然接受你的意见。这就是外面裹上糖衣的药丸，肯定对方，只是更深一层地否定对方，既委婉又圆滑，给对方留了余地，也给自己完成目标提供了机会。

聊法：●●●

（1）用推托的方式巧妙否定对方。例如，"这个事情涉及到公司的好几个部门，我个人现在没办法作出最终决定。我和其他几个部门协商一下，问一下他们的态度，过几天再给你答复，好吗？""不好意思，你这个事情，只有领导才有决定权，我帮你向领导反映一下，好吗？""很抱歉，我们的展厅暂时关闭，明年春天才能恢复，请您关注相关信息好吗？"

（2）用隐晦的方法巧妙否定对方。例如，"贵公司的经济条件欠佳，我看XX公司更符合贷款要求！""我无法想象公司少了你这样的员工怎么转，不过，从明天起，我决定试一试！"

（3）用委婉的方法否定对方。例如，"这份企划非常不错，只是公司目前条件还无法实施！""这是个不错的主意，但我的领导不一定同意。""不好意思，我出差在外，这件事你暂时找我的同事处理一下，好吧？"

（4）用虚实法否定对方。例如，问："这次比赛，你能获奖吗？"答："到时候就知道了。"问："XX说贵公司外债特别多！""他们有言论自由，爱怎么说，就怎么说吧！"

第三章 如何一开口就炒热聊天气氛

21 流行语让聊天气氛瞬间轻松、融洽

流行语是一种词汇现象，反映了一个地区、一段时期内人们普遍关注的问题和事物。不同的流行语则作为社会一根敏感的神经，反映出社会的变化。近几年，随着网络的快速发展，网络流行语开始蔓延，并成为时代的标签、生活的标签，为大众所熟识。如"蓝瘦、香菇""我的内心几乎是崩溃的""我带着你，你带着钱""老司机""友谊的小船说翻就翻""洪荒之力"……

聊天的时候，当对方说"宝宝""你们城里人真会玩""我竟无言以对""主要看气质""重要的事情说三遍""买买买"等流行语的时候，你若无法理解对方话里的含义和意境，整个聊天过程就会不畅通，对方会觉得与你聊天非常无趣，他们会因此而不耐烦。当然，你在对方心里的位置也会直接 low 到极低点，甚至觉得你已经 out 了。

初次见面，聊天的时候，偶尔将大家津津乐道的流行语挂在嘴边，既新鲜、前卫，又能敏锐地抓住对方的神经，触动对方内心深处，引起情感的共鸣。特别是在不想直接表达自己的某种感情，或发泄自己某种情绪，或提示对方自己处于某种状态的时候，说一两句流行语，瞬间使聊天气氛轻松、融洽。

老司机!

这个方案这么策划比较合理! 你觉得呢?

KEY TIPS

流行语，一般用在非正式场合，用来消除紧张、放松身心、逗乐对方，不适合太正式、太严肃的场合，否则，会给对方不务正业、不负责任的错觉。

我丑话说到前头哦，别这么搞哦，小心友谊的小船说翻就翻。

额! 哈哈哈……

KEY TIPS

初次见面，有些不悦耳的话，不好意思直接表达，怕触礁到对方的脆弱处，让双方尴尬。不妨，说些对方理解又不至于难听的流行语，缓和双方气氛。

经理引荐了一位傲慢的中年女老板给员工周小姐，经过几轮谈判，中年女老板终于答应将公司的一些业务交给周小姐公司做，虽然这是个比较鸡肋的项目，但是，对于刚起步的小公司来说已经是大餐了，所以，周小姐还是很高兴。

中年女老板一直把自己当作公司的救星，总以为自己是上帝，处处高高在上、俯视周小姐，为了业绩，周小姐也是忍之又忍。

这天，约定的签约时间到了，中年女老板迟到1个多小时来到周小姐公司，碰到公司员工小李，睨着眼睛傲慢地说："市场部周小姐在吗？"

小李看不惯中年女老板傲慢无礼的样子，开玩笑地在市场部门口喊："周姐，你的客人，出来接客啦！"

"敏感""呆板"的中年女老板听到"接客"两个字颇为不满，认为这是对方对自己极大的不尊重。于是大声喝道："你怎么说话呢？这么没素质！"

小李刚想反击，回应这个傲慢的中年女老板，闻讯而来的周小姐赶忙阻止了小李，赔着不是，捂着胸脯："吓死宝宝了！没想到您威严起来，这么有范！"中年女老板本来想连带周小姐一起训斥一顿呢！听到周小姐夸张的"吓死宝宝了"的潮语，看到周小姐捂着小心脏的惊吓样，噗嗤笑出了声。

"也是醉了！"中年女老板发泄地冲着小李喊去，"还有这么没素质的员工，早该开了嘛！"

"您大人有大量……"一番恭维和抚慰，中年女老板终于在合同上签字。最后，中年女老板不忘夸奖周小姐："周小姐办事很周到，职业素养很高啊。"

恰当地运用流行语，不仅可以让双方的聊天融洽，还可以让你轻松解围，给对方留下"既懂事，又很潮、很时尚"的好印象，让对方对你一见如故，并记忆犹新。

聊法：● ● ●

（1）当你想展现自己幽默的一面时，不妨用流行语来引起对方感情的共鸣，比如，"明明能靠颜值吃饭，却偏偏要靠才华"。

（2）当你想表达自己某种强烈的感情时，不论是亲情、爱情、友情的时候，不妨用流行语"我单方面宣布"，让对方在哭笑不得中答应你的无理要求。

（3）当你想表达自己很吃惊，显示自己可爱的时候，不妨用流行语"吓死宝宝了"，来缓和双方的紧张感。

（4）当你很疲倦，又想表达自己的浪漫情怀的时候，不妨用流行语"世界那么大，我想去看看"，来抒发自己的感慨。

（5）当你强调某件事情，又怕引起对方误解的时候，不妨用流行语"重要的事情说三遍"，来表达自己的重视程度。

22. 初次见面，了解"不能说什么"

比较重要

对于大多数人来说，被人揭露伤疤、击中痛处，都是一件不愉快的事情。正所谓己所不欲，勿施于人，既然我们自己也怕被人揭露伤疤，那么在与别人聊天的时候，我们就不要刨根问底地追问对方隐藏在内心深处不堪回首的事情，不要明言指责或污蔑对方的缺陷和弱点，不要探讨对方忌讳的话题。

揭人伤疤表面上看逞了一时的口舌之快，但你其实是输得一塌糊涂，对方会瞬间对你失去好感，还会为了寻找心理平衡而反击。有些人即使当时不反击，也有可能会记恨于心，想方设法给你种种小鞋穿。而且，这种做法即使在其他不相干的人看来，也是一种缺乏教养的表现。

在与人交往的过程中，有许多话同揭人伤疤一样，都是不能说的，很多时候，了解"不能说什么"比知道"要说什么"可能更重要。会聊天的人就很清楚在不同的场合、面对不同的聊天对象"不能说什么"。

面对长辈，不要忤逆！一般情况下，长辈都会有自己成熟的见解和想

有专家预测，今晚的篮球赛甲方会获胜。

开玩笑!是乙方吧? 技术上甲方不如乙方的。

KEY TIPS

有些人控制不住自己爱斗的天性，说话总喜欢跟别人辩论，总想辩个输赢，不论对方说什么，他总会说出不同的观点与对方对垒，并乐在其中，这很容易让对方躲而不见。

你自己去吧!我正忙呢!

你去帮我把花浇一下!

KEY TIPS

在生活中，我们总会遇到一些敏感的人，你可能说者无意，但他却听者"有心"了。初次见面，尽量避免说一些有伤人之嫌的话，多用试探口吻!

法，他们需要拥护者和支持者，不希望有人忤逆自己。如果你聊天时表现得不顺从，对方难以喜欢你，这会直接影响他们对你的看法以及你们之间的关系。更不可批评长辈，否则，你基本会被对方排除在交往范围外。不妨学聪明些，用心领会长辈的意图，顺着对方的意思说对方爱听的话。

面对领导，不要推诿！在职场上，不要说推诿、不负责任的话，这很容易给领导"不成熟、不团结、不可重用"的恶劣印象。如不要说"这不是我的错！"，可以说"这件事情，我确实有做得不足的地方，我认为可以这样解决……"试着把话题重点转移到寻求解决方法上，等问题解决了再追究责任人；也不要说"我做不到！"即使你没能力完成领导安排的任务，也不能赤裸裸地说自己不行，而是寻找可代替的方案或改变他的预期；不要说"我没有可汇报的内容！"沉默只能代表你没有认真工作，领导永远需要有建设意义的意见和方案……

对亲朋好友，不要说煞风景的话！在集体活动上，如聚会、婚礼等重要活动中，不要说煞风景的话，让本来欢喜的气氛变得尴尬，影响大家温馨的感情。

某高校经济管理系一位勤勤恳恳工作了几十年的周老师到了退休时间，为此，学校为他和几名退休老师举行了一场盛大的欢送会。

会上，各位在场领导和同事对一位多次获得"优秀教师"荣誉的退休老同志刘老师进行了热情地赞扬，大家纷纷发言，一再感激刘老师的相助之恩，一再表达自己的依依惜别之情。

周老师和刘老师先后深情的感言，大家静静聆听，会场顷刻充满了浓浓的相互关爱之情。周老师讲着讲着突然抒发了一些不悦的小感概："很遗憾啊，这么多年一直都没有获得过优秀教师称号，很羡慕刘老师哦，年年被评为优秀教师！"这些不悦的经历本不该在这么友好温馨的氛围内乱说一气，致使各方尴尬。

平时坐在他旁边、与他相处不好的年轻教师面露不屑："不是你不够优秀，是我们不好，我们提名的时候没有想到您！"话里话外各种伤人的刺，刺的周老师怒火中烧。

旁边的领导见势不妙，急于缓和一下尴尬气氛，接过话来，反复强调没有"优秀"称号没关系，我们看的是事实，是每一位教师在教学工作中付出的努力……越是这样说，周老师越尴尬，羞出一身冷汗。

由此可见，了解"不能说什么"比"要说什么"更重要，文学巨匠莎士比亚曾在《哈姆·雷特》中写道："不要想到什么就说什么，凡事必须三思而行。"说话之前要思考周全，以免犯下不必要的错误，否则会造成无法弥补的后果。

聊法：●●○ ·················

（1）聊天忌枯燥。有些人说话特别像白开水，没有一点自己的观点，没有重点强调的部分，枯燥无味，让对方看不到任何的波澜和惊喜，对方很快会失去聊天的耐心。

（2）聊天忌说教。有些人总以长辈、前辈、领导自称，觉得自己年龄大或者地位高，就比别人懂得多，比别人经验丰富，聊天时一副惟我独尊的腔调。为避免对方出现如此情况，在别人恭维你、让你发言时，你可以说："在座各位中比我优秀的人有很多呢，还是让别人先说吧！" "我自己先琢磨一下吧！"

（3）忌自吹自大。有些人总喜欢以自我为中心，自吹自擂，将那些背离事实的故事讲得头头是道，给对方留下无知和浅薄的印象。

（4）忌尖刻薄情。有些人攻击性特别强，说话尖刻薄情，热嘲冷讽，丝毫不给对方留面子，给对方留下自私自利、薄情、冷漠的印象。

23. 找一个适合闲聊的场合很重要

温和的阳光散落在房间的某个角落，墙上的壁画静静地挂在身后，盛开的鲜花映在眼帘，阵阵清香入鼻，琴声悠悠地传入耳中……找这样一个恬静幽雅的场合，低声交流，尽情畅谈，如此情景，想一想都觉得无比惬意！

心理学研究发现，在不同场合说话，会有不同的特定身份，扮演着不同的角色。若想闲聊，就要寻找一个休闲、放松、静雅的场合，或茶室，或咖啡厅套间，或自家书房，这样，双方才能避开外界的干扰，才能静下心直抒胸臆，才能尽情地畅聊，才能提高双方畅谈的热烈氛围。

一个适合的闲聊场合除了能放松身心，还可以很好地保护彼此的隐私，一些不想让外人知道的事，一些只能说给彼此听的话，聊天效果也很容易达到理想状态。

"你好！看你愁眉不展地发呆呢！"李小姐逛了一下午，在商场前面的大广场的休闲长凳上坐着休息，目光扫到同在长凳上休息的兰小姐！

"你好！"兰小姐勉强笑了笑，以示尊重，因为她实在没心情有说有笑。

"唉！终于泄愤了！逛了一下午，花了五千多！"李小姐往后仰躺在

你完全不必在意你男朋友说的话，其实，这不叫小心眼好吧，这叫细心，贤妻良母的表现。

咱们换个话题吧！你越说我觉得自己特别小心眼。

KEY TIPS

即使在隐蔽的闲聊场合，敏感的话题也最好回避，或者轻描淡写。否则，越解释对方情绪越高，情绪越高越心烦意乱，很有可能出现始料未及的尴尬局面。

长凳上，舒了一口气。

"你也心情不好？"同病相怜，兰小姐仿佛找到了感情的共鸣者。

"是呀！还不是因为我那该死的男人，偷偷地拿钱给他家人，从来不给我打招呼，一点基本的尊重都没有！"李小姐叽里呱啦说了一大堆，"不开心了，就去逛街，去花钱，舒心！"

"哈哈哈哈……"望着李小姐一脸泄愤的表情，兰小姐感觉又搞笑又有意思，"怎么男人都一样？我家那位也是一样的。"

"难怪'人家都说天下乌鸦一般黑'呢！"李小姐正说着，被一个在大广场上跑的小男孩撞了一下。

"没事吧？"兰小姐急忙起来，把摔在地上的小男孩扶了起来，交给了后面跟过来的妈妈。

"嗯，说到哪里啦？"李小姐回过神来，问兰小姐。

"哦！男人！天下乌鸦一般黑！"

"你家那位怎么得罪你了？"李小姐笑着问道。

"他……"话还没说完，一个小女孩走过来问路。

"要不要去喝杯茶？"李小姐感觉自己的话不停地被打断，便问兰小姐。

"好啊！还可以相互倾诉一番！"兰小姐热情地应道。

她们选了一间安静的包间，没有外界干扰，两个人尽情地聊东聊西，从男人到家庭，从家庭到工作，从工作到社会百态……

聊天往往要和适当的场合气氛相协调，针对不同的聊天目的，需要选择不同的场合。比如，严谨的谈话需要选择氛围比较庄重的场合，朋友间的随意聊天则适宜选择私密性较强且比较轻松舒适的场合。适合的聊天场合会让聊天的双方尽情抒发自己的感情，拉近彼此的距离，更易达到沟通的目的。

聊法：● ● ●

（1）闲聊的时候，忌说大话、吹牛皮。有些人为了表现自己才华横溢，知识渊博，就吹嘘自己这也专业、那也专业，这样容易给对方留下华而不实的印象。

（2）忌语速过快。闲聊本来是放松心情的，你如果语速过快，就会带动双方的紧张感。同时，对方也不易跟上你的思维。这样，双方往往会不欢而散。

（3）注意对方情绪。对方不开心的时候，不要聊自己得意的事情。对方向你倾诉自己的失落和痛苦，是想从你这里得到同情和安慰，你若对此忽视不管，相反却大谈自己的得意之事，无形中成了嘲笑，就会刺激对方的自尊，激怒对方。

24．客套话、人情话，一个不能省

　　人生处处都有客套话、人情话，有喜事我们要祝贺，比如说，"恭喜恭喜，祝你们夫妻恩爱、白首到老！"有悲事我们要安慰，比如说，"当心身体，不要太难过了！"得到对方的帮助的时候要送上一句暖心的话，比如说，"谢谢您，真是让你费心了。""这次多亏你了，这份情我记在心里了。"……简简单单一两句话，足以让对方心里暖融融的。

　　也许，有些人会认为彼此都是亲戚朋友，对方做什么都是应该的，也不在乎这一两句话，那么，你就大错特错了。即使你心存感激，不善于表达你的庆祝、安抚、恩义，话在嘴边没有说出来，对方心里也会觉得别扭，也会心存意见和看法。

　　日本销售大师原一平曾经说过："寒暄是建立人际关系的基石，也是向对方表示关怀的一种行为。寒暄内容与方法得当与否，往往是一个人人际关系好坏的关键，所以要特别重视。"问寒问暖，看似没有实际意义，却是最好地表达关心、拉近距离的方法，它能让你在最短的时间内获得对方的认可，得到更多的帮助或指点。特别是在中国，这个五千年文化传承的礼仪之邦，有着中国式的社会人情：大到庄重的正式活动，小到同事、

放心去做吧！有什么事我担着！

好！

KEY TIPS 要分清楚哪些是场面话、哪些不是场面话，不要以为场面话会百分之百履行。对方不想得罪你，又不愿当面拒绝你，或者想取悦于你，就会说一些场面话，这时千万别当真。

下次，我会帮你的！

这句话你都说 N 遍啦！

KEY TIPS 有些人特别会说场面话，承诺这承诺那，却从不做出任何的行动，最终，周围的人就把他当作了"大忽悠"！记得，即使是场面话，也要付诸努力，给对方留下希望。

朋友之间的交流，都离不开客套话、人情话，它几乎成了人际交往获得好感的"敲门砖"。

宋小姐是一家连锁化妆品店的店长，她的任务主要有两个方面：扩大消费群，让更多的消费者忠诚于这个化妆品品牌；带领店里的员工执行老板传达的指令，维护公司制度管理。

宋小姐说："因为化妆品领域各个品牌竞争激烈，利润空间小，忠诚该品牌的消费者缺失，店里员工的积极性也不高。作为店长，往往要顶着巨大的压力，积极努力地做好每一项工作任务。"

每天，临下班的 20 分钟左右，宋小姐总会召集店里全体员工召开一个小型的总结会议，哪个员工招揽了新的消费者，哪个员工的日销售量超过标准范围……都会——表扬一番，"不错！不错！""很好！""很让我感动！"等一堆客套话、人情话！大家听了，心里都喜洋洋的、暖暖的。适时地对对方说一句"坐得好""很有想法"之类的客套话、人情话，会有效地带动团队积极性，起到事半功倍的效果。

"怎么了？小李，有什么事需要我帮助吗？"看到小李愁眉不展，宋小姐将话题转移到小李身上。

"没事，没事，店长。"小李忙说，其实，小李知道店长每次都这样说，知道是客套话，有些小事情还是需要自己处理的，不必麻烦店长，但听到店长这么有担当，心里倍感安慰。

如果能把客套话、人情话炼得出口成章、妙语连珠，在任何场合，面对任何人，都会潇洒自如、从容不迫。但是，客套话、人情话会说，更要会听。人往往有着多面性，善与恶会随着不同的情景表现出不同的形态，初次见面，对方向你做出承诺时，不能因为对方一时的甜言蜜语冲昏头脑，要保持冷静和理智，并通过察言观色了解对方的真实心意，事实上，很多拍胸脯答应的客套话和人情话，你只能保留态度，抱持最坏的打算，以免期望越大失望越大。

聊法：

（1）客套话、人情话要真诚，也要幽默。说客套话、人情话要认真不虚伪，但同时也可以搭配一些小玩笑，这样会显得更加幽默和亲切。例如，你跟一位多年不见的女同学说："这么多年不见，你还这么年轻，比以前还要漂亮，是不是偷吃了长生不老药？"

（2）客套话、人情话要得体。无论你是祝贺别人，还是安慰别人，一定要得体、恰到好处、恰如其分。例如，祝寿你要说"祝您老人家寿比南山"这类的话；贺喜，你要说"祝 XX 一帆风顺"。

25．真诚聊天比信口开河更受欢迎

谛语有："真诚贵于珠宝，信实乃人民之珍。"无数事实证明，聊天的魅力并不在于滔滔不绝、口若悬河，而在于你真诚地表达。要想赢得对方长久地信任，就要真实诚恳。因为每个人都希望获得别人真诚的关怀、理解和尊重。

很多时候，一句真诚的话，可能只花一分钟时间，但对对方而言，可能会影响其一天、一年甚至一生。

聊天中表现自己的真诚，就要用心去了解对方的基本情况和基本需求，把对方放在自己的心上，把自己的心意传递给对方，让对方感觉到你的友好，从而相信你的诚意。例如，你到同事家拜访，看到家里毫无秩序、乱糟糟一片，同事很尴尬地解释，是孩子淘气弄的。显然，同事对家里的布置和物品摆设很不满意，比较在意你对自己家的评价。你透析同事的内心想法后，可以先设身处地地安慰同事，家里有小孩子确实很难整理，并鼓励他，只是个别地方重点处理就可以让家里环境井然有序，然后跟他介绍一些整理物品的方法……

好想坐享其成，让你帮我做这件事！

哈哈哈哈……想得美！

KEY TIPS

处处表现得自己很公平、公正，没有任何的私心，就容易给对方很假、难以接近的感觉；相反，偶尔显现出自己的小私心，把心里的小猥琐说出来，才更有真实感，或许会更让对方接近你、喜欢你。

王小姐和朋友一起去海边游玩，看到一位坐在沙滩上哭泣的女孩，女孩俊秀的脸上满是泪痕，写满悲伤和痛苦。王小姐走上前，微笑地说道："你好！小姑娘，你这么美好的年龄，有什么值得哭的呢？"小女孩心里一直想着那些伤心的事情，并没有主动搭话。

"我像你这么大的时候，也有过难过和悲伤，但是，现在想来那真是不值一提的小事！人生这么短暂，真的没有什么大不了的！"王小姐诚恳地说道，"你看，你这么漂亮，真让人羡慕！"

"你在骗我吧？可是，我男朋友为什么还跟别的女孩跑了呢？我觉得离开他，我也没有活的勇气了，我不如跳海算了。"小女孩呜呜地大声哭起来。

"我知道你现在心烦意乱的，想事情容易走极端，但是，你做过分析吗？你的男朋友为什么突然不理你了呢？"王小姐循循诱导。

"他看上更漂亮的女孩了！花心的男人！"小女孩愤愤不平地说。

"看来，原因不在你呀！是他花心！是他错了！你这么好的女孩他不珍惜，是他的损失呀！"王小姐也替小女孩愤愤不平，"你看你这么年轻漂亮，又重感情，将来一定会遇到更优秀的男人，认真爱你的男人一定特别有责任感、对你呵护倍加，相信我，以我过来人的经验告诉你！振作起来吧！小美女！"

"谢谢你！我会试着好起来！我一定让自己更优秀，找一个更优秀的男孩，让他美慕嫉妒恨！"小女孩破涕为笑，"你能给我留个联系方式吗？等以后，我有机会实现我的愿望，我会再次联系你。"

在与人交流的过程中，说话热情诚恳的人更容易被人接受。言语真诚的人身边总聚集着一大堆的好朋友，他总是让人感到安全感，愉悦感和信赖感。诚恳的态度会使人感受到友善、可亲，能够带来人与人之间心灵的共鸣、精神的寄托、思想的交融，能够缩短彼此之间的心理距离，产生相互信任，从而建立良好的人际关系。

聊法：●●●

（1）聊事情的时候，尽量具体化，可以真诚地放大对方在某件事情上所起的作用，如"这篇文章经过您的修改，不仅句子通顺了好多，文采也飙上去了，凤头猪肚豹尾，学习啦！"

（2）聊天的时候，要充分尊重对方，抱着一种学习的态度与对方聊，如"真的，李姐，做这个事情我真没什么经验，你帮我出出主意吧！"

（3）聊天的时候，尽量不用命令的语气，这样，很容易给人不尊重的感觉，让人反感，不妨换成"寄予希望"的语气，如"你必须给我提几点建议！"换成"你经验这么丰富，几点建议不成问题吧？"

26.适当吐槽对方，幽默又暖场

初次见面，想受到对方的欢迎，让对方更乐意地接近你，就要学着做一个开心果，适当吐槽对方，说些俏皮话、打趣话、笑谑话，这种独特的聊天风格不仅可以给对方带来快乐、放松身心，还会促使对方自我反省。

但是，恰当吐槽对方不是一件容易的事情，特别是初次见面，双方不太了解。不妨学学下面几种方法：

（1）声东击西。言在"东"而意在"西"，同一个意思也许换一种方式来表现，效果就会大大出人意料。例如，某公司销售小王带着客户去KTV，小王唱歌水平特别差，又特别喜欢占着话筒，不停地换着歌唱。客户经理实在忍无可忍，站在门口，观看人来人往。小王连唱了几首，才想起站在门口的客户经理："您老人家站在这儿干什么？""哈哈哈，站在这里证明一下自己，怕别人以为我在打你！"这位客户经理的回话好像似答非所问，实则是声东击西的吐槽艺术，小王乍一听，会觉得客户经理特别幽默，细细回味，则明白对方是说自己唱歌难听，就像挨揍乱叫一样，之后，再也不敢在客户面前卖弄歌喉。

（2）曲线进攻。初次见面，忌直来直去，吐槽要记得"转弯"。小

你这大长腿，这小细腰，还让我们胖子们活吗？讨厌！不要离我那么近。

你才讨厌！

KEY TIPS

有时候，太直白的赞美，对方有可能会不好意思，会觉得好肉麻。如果你换成吐槽、调侃的方式去赞美对方，既赞美了对方，又让对方心里暖洋洋的。

哈哈，谢谢你这么高的评价！

你，又漂亮，又聪明，这是在犯罪！

KEY TIPS

用一些反义词赞扬对方，调侃对方的优秀，将赞美点编成一个个段子，愉悦了对方，又显示了自己高超的说话水平，给对方留下良好的印象，促进感情的交流。

李所在的某公司正准备各种资料迎接董事长的检查，计划时间到了，小李还未完全准备好自己的资料，一时很紧张。这是，一位官员模样的陌生人来到办公室，威风凛凛、严肃至极，小李更是紧张，怕什么来什么，正在打印文件的小李不小心将资料掉落在该陌生人脚上，该陌生人十分恼火。小李想：坏了，这是不是董事长呢？镇定了片刻，小李说："你这么凶，估计不是董事长，听说董事长很宽容、很温和！"董事长本来特别生气，听到小李这么夸奖自己，马上乐开怀，带着笑容离开了小李的办公室。

（3）巧作类比。有些问题，正面回答不易说服对方，巧作类比，将对方引入全套，对方定会折服。某导演在一所大学演讲，一位女生提问他："既然电影要真实地反映社会生活，为什么你总导演美好的一面？而忽略不美好的一面呢？难道社会没有阴暗面吗？"该导演并没有直面回答该女生提出的问题，而是问该女生："你喜欢自拍吗？"该女生点了点头。该导演反问："你是不是喜欢化了妆之后才自拍？没化妆的时候，脸上有疤痕和痘痘的时候，为什么不自拍呢？"该女生听到情不自禁地笑了，被如此吐槽，也是豁然开朗。

（4）因势利导。有一个作家写了一本书，在读者见面会上，有一个读者大声对该作家喊叫："你的书写的太差了，没人看吧？重写吧！"该作家微笑着对该读者鞠了一躬，有礼貌地说："很遗憾呀，只我们两个反对，这么多读者怎么办？"顿时，暴风骤雨般的掌声响起，该读者在大家的笑声中灰溜溜地逃走了。

聊法： ● ● ●

（1）吐槽要看时间。俗话说："人逢喜事精神爽！"在对方心情好的时候，恰当吐槽对方，更容易让对方接受；对方心情糟糕的时候，尽量不要吐槽对方。

（2）吐槽要看对象。每个人都有着自己的性格、性情，面对宽容大度的人，适当吐槽，可以活跃气氛；面对小鸡肚肠的人，最好不要吐槽，以免对方生恨。与女孩子和女同事开玩笑，也要适可而止。

（3）吐槽要注重内容。吐槽对方的时候，千万不要粗俗，更不要吐槽对方的生理缺陷。

27．当你侃侃而谈的时候，
一定要在意对方的情绪

　　心理学家研究发现，人类至少有六种与生俱来的原始面部表情：喜悦、悲伤、厌恶、愤怒、惊讶、恐惧，这六种表情，人们往往无法完全有意识地加以控制。基于这一特征，我们大可以通过察言观色来了解对方的情绪变化。即通过对方的言语、手势、表情、动作等每一个细节，来判断对方的喜怒哀乐。对方脸色铁青，一般表示恼怒；对方脸色绯红，一般表示害羞；对方眉毛或额头皱起，一般表示痛苦；对方怒目圆睁、咬牙切齿，一般表示憎恨……

　　一般来说，人们的不良情绪出自于对周围人或事物的不满，在他人已经表现出不良情绪时，如果你仍喋喋不休地刺激对方，对方就很容易将他们内心的不满迁怒于你，一气之下，发脾气、发牢骚，甚至与你争辩不休，甚至当场翻脸……这样，双方很快会陷入僵局，并影响之后的关系。

　　虽然说生活中发生争执不可避免，但是，我们要尽量减少争执发生的可能，一旦发现情形不妙，就要管住自己的嘴巴，不要在对方情绪不佳时

我买了一个一万块的包包，可是朋友见了说是山寨的，太伤心了。

哈哈哈哈……说什么好呢？

KEY TIPS

不会聊天的人不在意对方的情绪，总喜欢炫富、秀恩爱，这很容易造成对方心里失落，结果对你多了几分嫉妒和抵触。这时候，不妨中和一下自己的糗事，以化解对方心理上的尴尬。

太伤心了，没有比我今天发生的事情更惨的啦……

我能说，还没我那次惨吗？呜呜……

KEY TIPS

当对方难过的时候，彻底治愈对方的方式就是，你不是最惨的，发生在我身上的事情比你更惨。聊一下你悲惨的故事，对方就会想象着这个世界上还有更坏的可能，心里就会安慰多了。

仍然不管不顾地侃侃而谈。同时，多给对方一些时间，多给对方一些理解，让对方冷静一下，等对方平复了情绪再聊，或者在对方心情好的时候，多聊一些令其得意的事情，聊天效果会更好。

　　某娱乐公司在一座城市捐赠了巨款，打算在郊区建一座教堂、一座戏剧院、一座歌剧院，为承接这些建筑内的座椅安装项目，多家公司展开了激烈的竞争。但是，这些公司的负责人却在娱乐公司张总经理那里碰了壁，一无所获。

　　一家办公设备公司的戚总亲自来拜见娱乐公司张总，希望得到这笔数额不小的生意。在见面之前，张总秘书私下告诉戚总，"张总现在心情不太好，希望您不要占用他太多时间，一般超过 10 分钟，就会被扫地出门。您进去快快讲，讲完就赶紧离开，要不然，张总会大发脾气的。"

　　走进办公室，戚总看到张总正在处理文件，于是，静静地站在那里，观察张总办公室的装饰、家具。秘书做了简单介绍，便退了出去。戚总说："张总好，有幸观瞻张总的办公室，家具做得特别精致呀！"

　　张总听后微笑着说："这些都是我当初亲自设计的，还是比较满意的！"

　　戚总走到柜子跟前，用手扶了一下，说："这是泰国红木，是不是？意大利的红木质地不是这样的哦！"

　　"是的！"张总高兴地起身走到柜子前，"识货呀！确实是从泰国进口的，我一位专门研究红木的朋友专门去泰国为我订的货！"

张总心情极好，带着戚总仔细地参观起了办公室，并一一作了详细介绍。戚总微笑着聆听着，看张总谈兴正浓，便好奇地询问起这些木工的具体做法……

就这样，两个人聊了一小时，又一小时，一直聊到中午吃饭，两人共同吃了午饭，最终成了很好的朋友。

心理学家研究发现，我们在沟通时，有 7% 的效果来自于说话的内容，38% 取决于声音，而有 55% 取决于肢体语言。戚总成功的诀窍，就在于他会察言观色，了解对方的情绪变化，从蛛丝马迹捕捉到"弦外之音"，深入了解对方真实的内心世界———对方高兴时，就多聊、深入地聊；对方悲伤时，就少聊，甚至结束聊天。

聊法： ● ● ●

（1）聊天的时候，要注意对方的眼神。眼睛被人们称为心灵的窗户，我们可以通过观察眼睛注视的方向、注视的时间、亮度的暗明来揣测对方情绪变化，如真诚或虚伪、喜爱或厌恶、赞成或反对。

（2）从对方的肢体动作来判别对方的情绪变化，中国人喜欢说客套话，当你判断不准的时候，从肢体动作就能看出其真正的意图。例如，送客的时候，对方一直说，多坐一会儿，双腿却已向门口走去，这基本上是想结束聊天的表现。

（3）从对方的性格、品质、地位、流露的情绪中捕捉弦外之音。如一个活泼开朗的人有可能"自来熟"，你千万不要把这种热情当作对方视你为好朋友的表现——他本身就是这样的人。

28. 时髦的话题，不是每个人都受用

很多人认为初次见面聊些"时髦的话题"不仅是一种前卫时尚，还能增加对方的参与感。但是，并不是所有的时髦话题都是普遍适用的，有些有可能是冷门的、小众的。如果不了解对方的状态，就大谈这些话题，恐怕很难引起对方的兴趣，更谈不上共鸣了，结果导致聊天变得无任何意义，更谈不上通过聊天达到自己的目的了。

怎么避免此种情况出现呢？首先要给对方一个温暖的微笑，然后试着点拨对方，可以先聊一下自己曾经发生的事情或者打算做的事情，以及兴趣、爱好、看过的电影、家庭琐事等双方习以为常的且又是大众所知晓的话题，从中找到对方的兴趣点；也可以侧面打听一下对方的兴趣、爱好，以便对症下药。

或者，针对聊天目标，根据实际情况预先设计一些问题，引起对方的好奇心，同时还要保证在整个沟通中你的话比对方的少。可以尝试着先问一些较浅显的问题，让对方感到轻松愉快，这样谈话才可以继续下去。

政府正在控制房价，广州的房价这段时间也忽高忽低的。

应该不会持续下降，房价是经济发展的一种具体表现。

KEY TIPS

政商界的优秀人士，爱比较关注时事新闻，他们嗅觉敏锐，有自己独特的见解，你的观点有可能与之不同；但是，也没必要因为不同的观点和对方辩得面红耳赤，不然很容易弄巧成拙。

国家又出了新的利率政策，上调了 0.8 个百分点！

太深奥！表示不懂！

KEY TIPS

好的话题一般有这样的标准：对方熟悉，双方有可聊的内容；或者对方感兴趣的，比较乐意谈相关方面的内容，有可能进一步深层次地探讨。否则，最好不要聊。

　　小武是一位很前卫的年轻人，为了标新立异，显示自己"不走寻常路"，爱追求时尚，不管见到谁，都会跟对方聊一些新鲜话题。如房价物价问题、食品安全问题、裸婚问题、网络红人、热播的国内外电影等。对于这些话题，有些人听得津津有味，有些人却嗤之以鼻，还有些人表现得不耐烦，这着实让小武头大，面对时髦话题，不同的人为什么会出现如此大的差异？

　　在朋友小叶的生日聚会上，小武又开始兴致勃勃地聊起最近播放的电影，称赞导演年轻有为。和小武玩得好的几个年轻朋友，也一直赞叹电影幽默的表现方式，认为这部电影很好地展现了年轻一代张扬的生命力。这让在座的长辈们直摇头，其中一位长辈忍不住说："现在的年轻人真是不知天高地厚，把不孝和忤逆当作时髦，这样的'主流价值观'流失让人痛心呀！哪像我们那时……"聊起过往，几位长辈真是一个话题接着一个话题，小武和朋友们连插话的余地都没有……

　　幸好坐在身边的其他朋友及时提醒，小武才明白，有些新鲜话题虽然很前卫，很具有时代感，但却不能被所有人所接受，就是会有人不愿意聊这些话题。而且，不同的人群有着自己的兴趣爱好，如已为父母的人，喜欢聊自己的孩子——孩子的学习成绩怎么样，孩子在校的伙食怎么样，孩子毕业后找到了什么样的工作……年轻人喜欢聊共同的兴趣爱好，如喜欢的电影、喜欢的城市、喜欢的旅行、喜欢的运动……老年人喜欢聊陈年旧忆，如20世纪60年代的饥荒、旧时生活习惯与方式、旧时价值理念……

　　了解到这些后，小武每次跟别人聊天，都会试探对方感兴趣的话题，并根据自己的经验进一步猜测对方可能会聊的话题，顺着对方的思路和逻辑深一步畅聊。

由此可见，时髦话题，不是每个人都受用。特殊怪诞的话题，对方可能不感兴趣；刺激的话题，对方也可能不感兴趣！你的任务就是设法"挖"出对方感兴趣的话题，激发对方的聊天欲望，促使对方和自己畅聊。

聊法：● ● ●

（1）善于观察和联想。初次见面，不了解对方，通过对方的衣着打扮和言谈举止，推测出对方个性、爱好、兴趣等，并以此为基础找出共同话题。例如，看到对方穿乞丐服，就可以推测出对方比较个性不羁，可以跟他聊比较文艺的话题。

（2）选择"共同"话题，如共同的经历、离别的伤感、工作上的困难、繁琐的家庭小事等；又如共同所处的环境、摇晃的座椅、长长地排队等待、刺眼的远光灯等。

（3）聊天的时候，如果不知对方对哪方面的话题感兴趣，那么不妨巧妙地加以试探和观察来发现对方对哪些话题感兴趣，这样在接下来的聊天中就可以先说对方感兴趣的话题了。例如，如果发现对方喜欢玩游戏，不喜欢安安静静地看书，你可以先跟他探讨游戏，等他进入畅聊状态后，再继续寻找其他话题。

29．与其说别人的坏话，
不如说好笑的事和演艺圈话题

有时候，我们当面说对方的好话，对方有可能会认为我们在讨好他、奉承他。若我们在背后说对方的好话，传到对方的耳朵，对方则会认为我们是在真诚地赞美他，是在真心说他好，对方不仅会领情，还会感激我们。

古语有："君子当面批评，小人背后议论。"背后说人坏话，是交朋友的大忌，不仅被议论的人在得知真相后会厌恶你，而且那些和你聊天的人也会对你的人品和素养产生怀疑。因为聊天的对方很有可能会根据你聊的内容来推测你的人品、性格，进而决定是否与你深交。当你与人聊天时背后说人坏话，和你聊天的人可能会想，你是不是也会在背后说他的坏话？怀着这样的心思，再与你聊天时，他们就会提高警惕，防备你背后中伤。

与其说别人的坏话，不如八卦一下，说点好笑的事和演艺圈话题。且不说每个人都有一颗八卦的心，八卦话题本身都有着独特的优势，它不分行业职业，也不分男女老幼，谁都爱聊爱听。从明星的争奇斗艳到大红大紫的综艺节目，从沸沸扬扬的明星恋情到一波三折的明星婚史，从满城皆

听说，策划部的小李特别不讲个人卫生，宿舍里面臭味冲天，没人愿意和他住一个宿舍。

哦，这个我不太清楚哦。

KEY TIPS

与人聊天的时候，最好不要八卦周围人的私人生活，不做传话筒，对方说别人坏话的时候，不要应声附和，也不要表明自己的立场。因为背后的坏话总会传到对方的耳朵，让对方记恨于你。

知的明星婆媳关系到乖巧可人的明星孩子等等铺天盖地的热点话题和有趣的生活琐事，应有尽有，不仅易于被对方接受，还容易和对方展开其他话题。

一次公司联谊会议上，周小姐不小心碰到潘小姐的胳膊，连忙微笑着抱歉："不好意思！不好意思！"潘小姐连连摇手说："不客气！"两个人觉得彼此都挺不错，就开始攀谈起来。

寒暄了再三，两人分别作了自我介绍，周小姐在总公司做财务部门助理，潘小姐在分公司做设计，按理来说，两个不同专业领域的人很难找到共同的话题。但是，双方却从娱乐八卦聊起，竟然越聊越兴奋。

周小姐："王宝强事件力压群雄，已经排到头条新闻首位了！"

潘小姐面露惊讶："是呀！真是想不到呀！比最近热播的亚运会还抢话题。"

周小姐感慨："前段时间，还看到他跟他老婆录的综艺节目。现在细想来，觉得他老婆对他的感情，还是不太深的。"

潘小姐深有感触："是呀！就是那次节目上，他老婆连他腿受伤了都给忘了。这是多大的心呀！哪个做老婆的能把老公这么大的事忘掉呀！"

周小姐表示赞同："嗯，还让受伤的宝强跳舞，天呢！宝强竟然那么傻，带伤跳了那么一段舞。"

潘小姐有点羡慕："觉得宝强对他老婆简直捧在手里怕化了！对他老婆多好！找个对自己这么好的男人真的不容易呀！"

周小姐点头道："宝强对他老婆太好了，所有的财务都归他老婆管理，生活那么奢侈，LV 等名牌物品应有尽有，国内外多套别墅，天呢！皇后般的生活！怎么还那么不知足呢？"

潘小姐听到名牌包包眼神放光："是呀！羡慕死了！像我，多么渴望一个名牌包包。如果哪天我真有了一个名牌包包，背着它挤公交车，人家不认为我背的山寨货才怪？"

潘小姐哈哈大笑："你想象力真是丰富呢！"

……

两个人聊得这么开心，不知不觉中到了散会时间，两个人这才依依惜别。这次之后，双方成了好朋友，经常坐飞机到彼此的城市游玩。

背后议论别人，说别人坏话，一传十、十传百，话很容易被传走样，这样误会就越来越大，有可能造成彼此记恨。还不如聊聊好笑的事情和娱乐圈话题，这样既聊得轻松、休闲自得，又聊得开心、兴奋！

聊法： ● ● ●

（1）初次见面，用寒暄打开话题，这些话也许没有什么意义，但是，是一个跟对方"套近乎"的好办法，只要能搭上话，双方都会继续闲聊下去，这个时候，再进一步聊好笑的事和娱乐圈话题。比如，"我在总公司就听说过你的大名！"

（2）借用第三者的话，赞美对方，这样对方更相信这些话的真实性，更看重这些话的分量。例如，你对对方说："我听朋友说你在抑郁病治疗方面很专业，是更了不起的医学专家。果真哦！在专业领域的报刊杂志里竟然发表这么多学术论文！"

（3）避开禁忌话题。尽量不要涉及别人夫妻关系、婆媳矛盾、隐晦疾病等禁忌话题。

30．聊天时，做个"有趣之人"，

还是做个"博学之人"

在生活中，你总会遇到这样貌似博学的人：聊天时，语调庄重，表情一本正经，还时不时地引经据典一番，不是指责这个不够科学，就是说那个没有文化、说话教条；或不时打断别人说话，总是表现出一副"我就是比别人知道得更多、了解得更深"的样子。不客气地说，这种人貌似博学，实则浅薄。这两种聊天方式，不仅会增加聊天氛围的紧张感，还给人古板、单调、乏味的印象，让人避之不及。

其实，在生活中，人们平时说话很难做到足够的严谨和完善，你总会犯或大或小的错误，甚至会在一些问题上表现得无知或偏颇。在这种情形下，即使你真的博学多才，也不要直言不讳地加以指责，因为这样很容易引起对方与你的争执，伤害彼此的感情。相反，如果你能幽默地表达自己的看法，让对方体面地感受到我们的善意，对方可能会觉得你不仅博学，而且是一个充满正能量的有趣之人，会更愿意接受你的意见。

聊天本是一件轻松、随意的事情，风趣、诙谐的话语，同样可以表达

我看了你之前的照片，感觉你那时候真的好瘦好漂亮！

哈哈，看样子，我现在要减肥了。

KEY TIPS

初次见面，开口前不妨深思三秒，换一种表达方式、换一种角度，说出让对方更有趣、更易接受、更喜欢的话。

重要的内容和深刻的意义。呆板的"博学"常常令聊天气氛变得紧张，而如果能将博学以轻松幽默的方式加以表达，那你就能成为一个"有趣的博学的人"。用幽默表达严肃，用有趣展示才情，这样的聊天就像一道佐料，一扫平淡无味，给人暖融融的感觉，是博得好感、赢得友谊的最佳"调料"。

X 煤炭机械公司准备和一家以煤炭挖掘业务为主的 Y 公司合作，生产一批新型的大型机械。但是，因为价格的问题，双方谈了很多次，始终没有什么进展，双方互相僵持着。

这次，Y 公司派了谈判高手江先生。午饭期间，江先生想缓和一下紧张的聊天氛围，他站起来说：

"这杯酒我敬大家，我们 Y 公司在南方，你们 X 公司也在南方，我们合作，是不是就是传说中的'南南合作'？但愿，我们像国际上的南南合作共同体一样，有国际范！所谓'姊妹连体'啊！"

X 公司总经理听到后，不禁拍手叫好："说得好啊！那我们就'顺应趋势，促进发展'，实现'南南合作'，等着收获丰硕果实！"

可见，做一个有趣之人，用幽默的话语往往能产生四两拨千斤的力量，达到举重若轻的交流效果，实现自己的目的。

聊法：●● ●

（1）在赞美别人时，有趣的说法可以让人更容易接受，还能让聊天的整体气氛变得更加轻松和谐，例如，"你这份文案设计得相当不错哦！'李白'的才华呀！"

（2）偶尔可以做一些小小的"坏事"，超越习惯、道德、规则的束缚，但要注意分寸，只要达到让人会心一笑的目的即可，千万不要搞成让人讨厌的恶作剧。

（3）巧用双关语，比如有意将一个词语涉及到两个事物，意此言彼，活跃气氛，说服对方。例如，小郭因工作上的事需要小刘帮忙，于是他周日带自己的宝宝，拿着精美的礼品去拜访对方，并执意让小刘留下礼物:"根号2啊(1.414一点儿意思),收下吧！"

（4）玩笑要适度，玩笑之时不要揭对方的伤疤，冒犯对方。比如，你看到头发少的人，开玩笑说："你个秃驴！"对方很有可能再也不理你了。

（5）开玩笑的场合要适宜，不要在庄重严肃的场合开玩笑。例如，公司董事长参与的会议，大家都严肃紧张地表达自己的观点和建议，你却慢条斯理地开玩笑，这反而成为一种不尊重大家的行为，惹人厌恶。

第四章 聊天高手都在用的一些方法

31. 说话不要太冗长，要说出重点

　　根据社会心理学的超限效应原理，越反复刺激对方，就越容易让对方厌恶，过于频繁、冗长的谈论反而不如掷地有声的寥寥数语更有吸引力和说服力。

　　也就是说，在聊天时，我们应尽可能地抓住关键点，多讲重点，少说没必要的客套话，尽量不要打官腔、官调，尽量不要说空话、大话，能一句话讲意思表达清楚，尽量不要多句啰嗦，否则，很容易让对方失去与你聊天的兴趣。

　　特别是社会节奏加快的今天，往往简明扼要、短小精悍的语言，更容易直入对方的内心、吸引对方的注意。

　　据统计，信息在正常人脑中"暂存区"的时间为 4 ~ 6 秒，不会超过 10 秒。这就导致许多人在听别人讲话之时，往往只会记住最先或最后听到的那些信息。这对于我们的启示就是，说话的时候，可以把我们最想让受众接受的信息放在第一句话或者是最后一句，也就是抓住重点，并且留下适当的时间让受众能够把信息转化成为记忆。例如：一个人卖劳斯莱斯牌车子，买方让推销员说一句推销的话，他说，"每一个零件都是手工打造。"这

你把这个计划的开始部分调得更明确一些，下班之前交给我。

好！

KEY TIPS

语言贵精不贵多！聊天的时候，要学会抓住精髓，把自己想表达的意思浓缩成一句话、一语中的、一招致胜，这样更容易让对方印象深刻。

句话无疑是最为重点的一句，因为世界上所有的汽车只有劳斯莱斯的每个零件都是手工打造的。

在市中心的一家高档西餐厅，小何偶遇到自己的偶像范先生——一位大红大紫的男演员。特别激动的小何站在范先生面前，愣是磕磕巴巴地说不出一句完整的话来。范先生见状，善意地说："你把我当成你的朋友吧，有什么话就轻轻松松地说好啦！"看范先生如此亲切近人，小何就开始絮絮叨叨地说自己以往的追星经历，大事小事一口气说了好几件，并大有滔滔不绝、"没完没了"的势头。

范先生无奈地打断小何的话："第一次见面，你跟我说这么多，难道就是想说你有一个追星梦？"

小何忙辩解："不是！不是！"

"那你有什么目的？想让我帮你什么，直接说好了！你绕来绕去的，我始终没有理出头绪来。你言简意赅，说出重点！"范先生微笑着示意小何。

小何这才意识到自己一时兴奋，东扯西扯，竟忘了表达自己想要表达的事情，便不好意思地说："范先生，我是电影学院这一届的新生，我的梦想就是以后成为您这样的名演员，能不能指教一下我，跟我讲一下从事演艺事业的相关技巧和醒悟？"

"这样吧！我最近出了一本关于表演技巧的书，我让助理寄给你一本！若你在学习中遇到什么具体的问题，可以 E-mail 给我，我若有时间定会回答你的问题，好吗？我吃完饭还有紧要的事要做，之后再聊好吗？"

"好！谢谢范先生！"看着小何离去，范先生无奈地摇摇头，若这个年轻小伙早说明来意，自己也不用浪费那么多时间。

闲聊也要讲究效率，在大家都时间紧迫时尤其不要东拉西扯、冗长无味，而应及时突出重点，让对方明白你说的逻辑和要点。关键时刻的简短话语，往往像瞄准敌人要害的子弹，精准而有力，能猛烈地冲击对方的心灵。

聊法：●●●

（1）赞美要简短、真诚，这样更容易直入对方的内心，吸引对方听下去，也更容易满足对方的自尊，给对方留下好的印象。

（2）问候要简单，才能给对方留下好印象。初次见面，总会聊几句客套话、人情话，如果不说，对方很可能会误会你，认为你高冷、缺少人情味。但，这些话不宜过多，如最简单的"你好！""有什么需要帮助的吗？"

（3）抓住机会，一语中的。初次见面，闲聊的时候，与其滔滔不绝地说自己的话题，不如注意倾听对方，在对方停止讲话或者需要评述的时候，简单明了地说一些中肯且一语中的的话，可能达到让对方惊艳的效果。

32．老板的工作是闲聊和做决定

　　工作中，有这样一类老板：喜欢用自己的地位压制员工，每天与员工的沟通内容仅限于上下级之间的上传下达，与员工的沟通方式也基本上是下达命令式。在这种权威压制下，公司内部气氛往往一片阴沉压抑，束缚了员工能力的自由发挥，导致员工做任何事情都会受到过多规则的限制，最终让员工疲惫、厌恶。

　　事实上，压制型的老板虽然能迫使员工作出妥协，但是也有可能让员工产生抵触心理。不如，巧妙利用心理学原理，在闲聊中自由灵活地做决定，亲切柔和地下达命令，既接地气，让人易于接受，又解决问题；不仅能使大家轻松工作，还能稳定人心！

　　可以在闲聊中，向员工渗透公司一些决策信息，或者传递一些自己对公司管理的想法，让员工明白下一步应该如何工作，预测一下员工在工作中可能遇到的难题和问题，并为员工提供一些建设性建议，再给员工打打气，给一些鼓励,让员工在轻松、温馨的氛围中自由灵活地发挥自己的能力。

　　当然，作为员工，在与老板闲聊的过程中，要及时地领会老板的决策和意图，要尊重老板的决策，要适度倾听和征询老板的意见和建议。即使

小丁，上次我出差去你的家乡,很不错啊,尤其是一些风味小吃,很合我的胃口!

是吗,王总,我家乡的小吃很出名,还曾经上过《舌尖上的中国》呢!

王总,是这样的……

是啊,是咱们当地的客户段经理陪我吃的……小丁,段经理说,最近你这个部门的服务有点跟不上。你有没有接到他的投诉啊?

KEY TIPS

没人做事情会十全十美，不要一味地批评和责骂，而应在闲聊中指出他的错误，从而更有利于其日后工作的改进。

你可能是对的，也尽量不要做过多的辩驳或决定。最重要的一点，就是不要代替老板做决定。否则，你再有能力也不会受到老板的喜欢。

　　袁先生性格开朗、年轻干练、勤奋努力，才毕业两年，就在一家公司做了部门负责人，是同事们公认的潜力股。恰好，公司这段时间接了一个新的项目，老板觉得袁先生年轻有为，经验丰富，做事果敢，能力又强，心里内定袁先生是最佳负责人选，袁先生自己也有心挑战这个新项目，而且他也有信心把这个项目做好。

　　可最后这个新项目并没有交给袁先生来负责。事情是这样的：老板打算带一批员工周边城市考察，让袁先生组织一下。袁先生觉得这么多人，坐公交车不方便，人也疲惫，会影响后续工作；打车的话，几辆车费用太高，公司处在起步阶段，降低成本是很必要的事情；最后，袁先生决定包一辆车，经济实惠，还方便彼此之间的交流。

　　袁先生将自己的计划汇报给了老板，并分析各种方案的利弊，最后总结道："老板，我们包车去吧！"袁先生满心欢喜地等着老板的赞赏。谁知，老板却拉着脸说："我认为这个想法不好，我让司机开我的越野车过去，再到出租车公司租一辆车！"

　　"可是，老板，这样成本会增加呀！"袁先生焦急地解释到。

　　老板却丝毫不顾袁先生的解释，生气地摆摆手，示意袁先生离开办公室："你是老板还是我是老板？"

老板高高在上的权威容不得下属自己做决定——即使这种决定对于公司是有利的。这位刚愎自用的老板因此认为袁先生自以为是，触动了自己的权威，改变了之前让袁先生做新项目负责人的决定。经过此事之后，袁先生变得谨小慎微，常常即使有好的建议也不敢向老板提出，最后终于忍受不了这种公司气氛跳槽到了其他公司，并成为了那家公司的骨干。

老板是公司最高决策人，有着最高的生杀权，正因为如此，在下达指示和命令时更要注意态度和方法，不要动辄板着脸指责和训斥下属，要懂得适度调节公司的气氛，让员工有意见勇于提出来，有想法可以轻松表达。这样会有利于在公司内部创造一种平等、自由、创新、灵活的企业文化，公司的整体效率会大大提升，公司的竞争力自然也会增强。

聊法：●●●

（1）即使身为老板，也尽量不要说"务必……"的语句，而是说"最好……""尽量……"。

（2）老板有着至高无上的权威，但是，每个员工工作压力也很大，命令式的建议和要求很容易让员工有抵触心理；相反，礼貌而友好的提醒，更容易让员工接受。

（3）委婉地询问。想弄清楚某个问题，又不想让员工有被责备的疑虑，可以委婉地询问，如"听小周说，计划作了进一步改进，是吗？"

（4）有分寸地发表评论。员工在做汇报时，老板要认真倾听，并做出独立判断。如果有对其内容的评价，要放在聊天结尾，谨慎措词，尽可能以劝告和建议的形式让下属接纳。

33 . 从一个话题聊出十个话题

短时间内，找更多的话题聊虽然不是一件简单的事情，但只要找对方法，这其实也不是一件复杂的事情。我们首先要通过衣着气质谈吐初步了解对方的性格和喜好，寻找机会巧妙地挑起话题，把最困难的第一句话、第一段话说出口，一旦打开交谈局面，攀谈就不那么困难了。

我们可以假借"偶然事件"的方式挑起话题，比如，轻轻碰对方一下，跟对方说"不好意思""对不起"；或者将对方认作一个认识的人，跟对方说"我认错人了"等等。先用我们的小智慧接近陌生人，有了最初的接触，最初信息的了解，才会将这一切演变成一场浪漫的邂逅。

有了这个美好的开端，我们足可以有更多的借口"借题发挥"引出更多的话题，让聊天进一步顺利进行下去。例如，把对方无意识的行为当作打开沉默的话题。假如对方只是一味抽烟，你发现他熄灭火机时有某种习惯，就立刻问他："你熄火机的动作很有趣，轻轻一盖就熄了。"看到对方的咖啡里加两勺半的砂糖,便可发问,"为什么你非要放两勺半砂糖呢？"通常面对这类问话，对方会不得不开口，说不定还会唤起对方滔滔不绝地讲述他自己的故事呢。

KEY TIPS

有心与对方接触，就不要只盯着眼前的所看所想所感，其实，话题很多很多，从奇闻轶事到工作趣闻，再到娱乐八卦，再到社会热点新闻，再到生活琐事……都可以畅聊。

　　事实上，一次好的聊天，从一个话题转到另一个话题，就像一棵大树一样，枝叶茂盛地四处蔓延，铺天盖地地圈住彼此的交流脉络，它按照一定的顺序一直延伸、延伸、再延伸。人们的交谈也是按照一定的顺序进行的，假设有 X、Y 两个陌生人有机会聊起来，X 先引起话题，他选择一个话题，围绕这个话题说了几句；然后，将话题抛给 Y，Y 接过话茬，顺着 X 的思路围绕着这个话题讲几句；接下来，X 接过话茬，进一步加深话题，聊几句；最后，X 继续加深话题，或者做最后的总结，引出另外的话题……

　　在这个过程中，两个人的机会大致相等，时间也差不多一致，或者出于礼貌，给对方的时间和机会稍微多一些，等这个话题时间差不多用完了，或者无话可说了，就开始其他的话题，说话者和倾听者双方相互配合，聊天才会轻松和有趣。

　　可见，想从一个话题聊出十个话题，并不是随心所欲，想说什么就说什么，想什么时候说就什么时候说。要想聊得和谐、开心，就像在马路上开车要遵守交通规则一样，要有起始、有中断提示，即使没有交警在现场指挥，我们也要照着红绿灯行驶，否则就会出现"堵塞"，出现各种僵局。

聊法：

　　（1）公共场合，最好选择大范围的话题，这样，大家都可以有话聊，都可以发表意见。如聊一下所在场合的现场气氛、环境布置，或聊一下国际形势、当日新闻、文艺演出、体育比赛等，切忌只谈个人感兴趣的话题，或者自己单方面专业领域的话题，这样很容易冷落他人。

（2）避免假话题。有些话题根本没有接话的机会，你说的时候，对方没有什么话来回应，肯定也不愿意跟你聊了。比如，你说："今天的天气真好！"对方最大的可能就是重复你的观点，但是继续延伸话题的可能性却不太大。那么，每次引起一个话题之前，就要先反问一下自己，如果对方拿这个话题跟我说，我想不想听？我愿不愿意就这个话题展开进一步的讨论？

（3）愉快地结束话题，忌一厢情愿地攀谈。有些人临时有急事，又不好意思直接说，有可能会以沉默不语来暗示。这种情况下，你就要察言观色，及时告别。

34．转移话题，不要中断对话

英国哲学家培根曾说过："打断别人、乱插话的人，甚至比发言冗长者更令人生厌。"在人际交往中，我们总会遇到喜欢打断别人说话或者中途插话的人，他们经常会在你津津有味地说某件事情的时候，半路杀出来，让你猝不及防，不得不中止讲话。更过分地是，他们对此似乎丝毫不觉，不管不顾地将话题转移到其他方面，这种行为非常无礼，是一种不尊重人的表现。

心理学研究发现，如果一个人有话要讲，他就会启动心理定势准备讲话，直到把话讲完，他才能听进去别人的意见。试想一下，对方脑海里依然惦记着没有讲完的话题，怎么能有心情听你说话呢？而且这样无礼地中断对方的讲话，很容易引起别人的自我保护意识，让人产生很强的抵触情绪，对方会进而抵触这个人，不愿与之进一步交往。

即使对方在聊天的时候，没有把话说得逻辑分明、详略得当，或者观点错误，或者偏见太多，也不要随便打断对方的思路，而应等对方把话说完，然后，适时、灵活地转移话题。如果你想补充对方的谈话，或者联想到有关的情况，想立刻做出说明，就要先打招呼，然后再聊自己想说的内容。

你刚才说的那个计划跟我做的方案是不是不一致?

你的方案是?

KEY TIPS

当对方讲得热火朝天、兴致正浓时，你却早已厌倦，就没必要硬着头皮去听，不妨以提问题的方式将对方引到另一个话题上，这样，很可能会在对方无意识的情况下转移了话题。

这个月我们店里的总销售额已经超过三百万，进步很大啊!

请允许我补充一下……

KEY TIPS

聊天的时候，转移话题时，要让对方有一个心理准备，如"请允许我补充一点。""请允许我插一句！""很对不起，打断你们一下。"

小侯性格开朗、爱说爱笑、热心助人，按理来说，他人缘应该不错，可相反，他几乎没几个朋友。

最近，小侯换了一个工作，他的勤奋努力、热情活泼很快被大家接受。但是，时间不长，大家又像以前的同事、朋友那样渐渐疏远了他。原来，小侯有个坏毛病，聊天的时候，总喜欢打断对方的话题。

例如，办公室的李姐说起商场电器优惠的事情，"我在微信群看到，双十一期间XXX商场有优惠活动，所有的电器半价……"李姐还没说完，小侯就打断李姐的话说："这个优惠幅度太小了，YYY商场的优惠幅度更大，差不多都是二折、三折！"

李姐的话被小侯打断很不开心，想接着原来的话题讲，"但是，XXX商场的AAA牌的冰箱有两款都是新款，雪白色的，对开门，真的很高大上……"

小侯又抢话说："白色不耐脏！YYY商场有几个品牌的也是最新款，银色的，看上去更有质感，也是对开门的……"

屡屡被打断，被抢了几次话题，李姐脸色越来越沉，最后，索性不说话了。小侯再次表示想跟李姐聊的时候，李姐随便找了一个借口拒绝了。

随着类似的事情一次又一次地发生，新公司的同事也渐渐地疏远了小侯。

综上，生硬地中断对方的话题，只会引起对方的反感，甚至让对方愤怒。不如礼貌地提醒一下对方，然后转移一下话题，聊一个双方都感兴趣的话题，这样，既表达了你的观点，又不失教养和风度。

聊法：●●●

（1）观察对方的表情举止，及时地领会对方的暗示，当对方对一个话题已显疲倦之色，你就可以适可而止了。例如，对方在聊天过程中开始打哈欠，你便可以问对方是否可以结束这个话题，休息片刻。

（2）答非所问。当对方问的一些话题你不方便发表意见时，可以借着回答转移对方的视线，引出其他话题。例如，小周喝醉了，问小柳："小柳，昨天主管跟我说的是什么意思？是想让我主动辞职吗？这不是故意整我吗？"小柳说："咱们部门出了大事，你知道吗？"

（3）以"关心他人"的名义扯进第三者，引出新话题。例如，小赵："听说，你最近考旅游证呢？"小周："是呀！我们部门的小李都考过了，而且听说，他面试考了第一名呢！"

35. 微信是最好的聊天训练场

如今，智能手机几乎人手一部，网络社交、网上购物、网上约车、移动阅读等成为很潮流的生活方式。微信作为互联网时代的标签，可谓异军突起，短短几年覆盖了世界多个国家和地区，不仅为人际交流、商业运营提供了便捷的信息渠道，也为人们打开更广阔的沟通大门。

美国心理学家斯坦利·米尔格拉姆在其人际交往理论中提出：只要你乐意，无论哪种形式，通过六个人的相互联系，你就可以认识任何一个可能认识的陌生人。以此理论类推，通过微信，你可以认识更多想认识的人。在这个虚拟的平台上，只要被邀请，你就可以加入聊天群，除了联系到同事、同学以及多年未联系的老朋友，还可以找到一些爱好相同、经历相似的用户，使人与人之间的联系变得较为方便。另外，你还可以添加多个企业运营商的公众号，直接反馈产品的真实营运信息，邀约各种售后服务、维修服务，使各种实时信息及时交互传递，从而增进顾客与商家之间的感情。

所以，如果在生活中我们感觉自己有所欠缺，那么不妨把微信这个大平台当成一个聊天训练场，通过文字、图片、声音等信息的传递来展开交往。通过这个训练场，我们一方面可以锻炼自己的沟通能力，另一方面还

KEY TIPS

刚开始聊微信的时候，大家都有一定的新鲜感，对你发的内容会比较包容，甚至会接受你重复发的产品信息和"刷屏"行为。但是，如果时间长了，大家就会厌倦了。

可以与周围人互相传递彼此的情绪、交流彼此的信息，以便获得更广阔的人际交往圈。

小李是一个家具城的销售员，因为能说会道、精通人情世故，业绩特别好，也极少与顾客有大的冲突。新来的同事向他取经，小李说："避免冲突，最主要的是沟通好，并保留证据，微信是留底的最好方式。彼此的聊天记录收藏一下，或者直接截图、视频，保留在系统照片中，以备对方记不起时及时提醒。另外，还可以有效防止一些人的故意失信行为。"

小李还给新同事讲了自己经历的一件事情：有一次，一个客户买了一套餐桌椅，工厂按预约时间给这位客户送货，本想着客户收到喜爱的东西会开心不已，谁知客户却到店里找到他并对他一顿咆哮，说餐桌椅子的颜色错了，他订的是咖啡色，收到的货却是银色。

小李对客户解释说，客户订的本来就是银色，非要说是咖啡色，并掏出手机，登录微信，找到双方的聊天记录和图片。面对留底证据，本来愤怒的顾客瞬间哑口无声，于是小李有效地避免了一场争吵……

新同事听了小李的经历和教导，也留了一个心眼，与顾客交流的时候，也把微信当成了一个重要的沟通工具，以后工作起来果然顺利了许多。

微信已成为大众普遍使用的沟通平台，除了表达感激、传递关爱、发泄情绪、学习技能外，还是开展业务的工具。我们一定要充分利用这类聊天工具，不断拓展自己的交际平台，通过这些工具和平台积极主动地训练自己的聊天技术，培养和提升自己的聊天水平，相信通过持续的训练，你在面对面地交流中也会更老练、更有趣、更有吸引力。

聊法：● ● ○

（1）与人微信聊天时，不要一味地陈述自我情绪，这样容易让对方觉得枯燥无味。相反，要加强所诉内容的故事性，调动对方的情绪，如好奇、开心、难过等，适时卖个关子，让对方进入与你真实聊天的氛围。

（2）微信聊天虽然不是面对面的直接交流，但同样需要注意营造和谐愉快的交谈氛围，要善于制造话题、延续话题，用提问的方式引导双方交谈的方向。

36. 学会换位思考，就很容易与对方聊开

芸芸众生，因为所处环境、立场不同，很难完全了解他人的感受，很难体会他人的失意、挫折及伤痛。但是，若我们能换位思考，站在对方的立场，就会对事情有更准确的认识和判断。用心去关怀、理解、宽容和安慰对方，不欺骗、不挖苦、以诚相待，这样你的劝解与安慰才更能令对方动容，才有可能为对方提出真正具有实效性的帮助。

美国汽车大王亨利·福特曾说："如果说成功有秘诀的话，那就是站在对方立场来考虑问题。"设身处地，将心比心，是换位思考的一种表现。聊天的时候，多问自己这样的问题，"如果我处于这种处境，内心会怎么想？什么样的话语能最大限度地安抚自己？""如果是我，别人这样说，我能接受吗？""如果对方跟我说同样的话，我会不会误解？""对方说这样不讲道理的话，我是否能谅解？" 站在对方的角度，替对方着想，体验对方的情感状态，洞察对方的内心，才能让彼此的聊天更深入、更有人情味。

所以，聊天的时候，我们要多运用心理学的"同体"效应，双方想法同步同调。特别是说服别人的时候，要想让对方觉得你是对的，接受你的

我觉得这个茶叶蛋特别好吃，你尝尝，真的很好吃！

啊！这样的食品达到卫生许可的标准了吗？

秘制茶叶蛋

美味

时尚

KEY TIPS

不要每次聊天都去争个输赢，你可能赢得了道理，却输了感情。多站在对方的角度考虑，除了大是大非，心甘情愿地输一下，也无妨大碍！

是啊，感觉与你家的装修风格很搭调！

这个电视柜的设计看上去不错！

KEY TIPS

换位思考，将对方放在"自己人""同类人"的位置，才可能消除对方的逆反、防御心理，才能让对方接受你，进而才能说服对方。

意见，喜欢跟你进一步来往，就要设身处地站在对方的角度，聊对方感兴趣的话题，说一些直达对方内在需求的内容，才能与对方逐步建立良好的人际关系。

某城市一位出租车司机刘师傅，揽客多年，从没有跟顾客发生过冲突，更没有被顾客投诉过。当很多同行求教刘师傅的经验时，刘师傅憨厚地说："没啥经验，就是跟顾客聊天的时候，多为客户着想，站在对方的角度，为对方省时省钱！比如，有一次，一位先生非要在禁止停车区停车，我拿起计价器清零，并告诉对方这个位置不能停车，剩下的路程不要钱。对方觉得特别不好意思，到达目的地，结账的时候，这位先生依然按全程路费给我结账了。"

刘师傅说："我不跟顾客争，也许顾客不知道这里不让停车，他也许没有考过驾照，不懂得这些交通规范，可能觉得随处都可以停车。如果我不跟对方说明，不管不顾地往前开，对方有可能觉得我是在算计他的钱，心里可能会比较恼怒，其实也没有多少钱！如果我因为这几块钱惹恼顾客，这就太不划算了！"

这位刘师傅说得很有道理，生活中很多不开心、很多摩擦，不一定都是多么严重、复杂，所以不必耿耿于怀。只要不涉及原则性问题，这些无意的"冒犯"和"误解"，这些"解不开"的"小疙瘩"都是值得原谅的。

如果能彼此站在对方的角度考虑一下，相互理解、相互宽容，或许有些误解就不会发生。

聊法：● ● ●

（1）聊天的时候，寻找共同点，增进彼此的了解，才能站在对方的角度，进一步理解对方，如一些相似的态度、看法和价值，这代表着彼此相互喜欢、相互理解的开始。

（2）运用同理心，设想一下，如果是自己，会怎么样？例如，若我处在领导的地位，我是否愿意说这样的话？是否愿意聊这样的话题；如果我是下属，我是否会为上司这样领导而感到庆幸？在这样转换角色的时候，你也许会发现自己真的需要作一点点的改变。

（3）聊天的时候，多用"我们"，少用"我"。如果用"你""我"，就很容易让对方感觉彼此是分开的、甚至是对立的；而用"我们"，会让对方觉得你们是同一阵营的，缩短了彼此之间的距离。

37. 形象化的语言不但有趣，还有说服力

心理学家研究发现，人类85%以上的知识，是通过视听被我们接收的。想让自己的话语被对方有效接收，就要与众不同地讲话，将抽象的哲理物化为形象的意境，将空洞的说教转化为鲜明的画面。如果能做到这样的讲话，那么你的语言就会逼真形象、生动活泼、风趣幽默、耐人寻味，从而引人入胜，更有说服力！

语言想达到如此效果，就要灵活运用各种修辞和手段，如比喻、比拟、类比、排比、引用、抽象名称形象化、民间谚语、寓言故事、歇后语等。通过通俗、浅显的事物来说明抽象、难懂、复杂的事物，会使对方很容易理解你所表达的意思。

在聊天时，我们可以充分利用色彩词和形容词，让自己所聊的内容呈现为一个特写镜头、一个抒情的画面或一个立体的场景，从而直接刺激对方的感官。这样不仅有趣，而且会让对方感觉非常放松，因此你的观点也会更具说服力。

另外，还可以借象喻理，寓情于理，借用具体的情节、动作、事件与场景等，将深刻的道理寓于具体的事物中。比起干巴巴地讲大道理，用生动典型的事例阐明道理，更容易让对方接受。

> 真没想到他会胖成这样！整个脸就像充满气的皮球一样，一不小心都要爆炸了！

> 啊！这么胖呀！

KEY TIPS

用比喻的手法去描述一个事物，会更鲜明、生动。但是，要注意本体和喻体的相似，用得恰当就很容易让对方理解，更容易说服对方；否则，则有可能会成为笑料。

　　小史高中没有毕业就去了一家小型的饭店去当服务员。由于年少无知，又禁不起外界的诱惑，当她发现店里有一位顾客丢了金戒指时，就偷偷藏在兜里，占为己有，而这一切被领班的王大姐看在眼里。

　　王大姐鼓励小史将金戒指上交给经理，等顾客回来寻找时，归还顾客。可是，小史特别不甘心："金戒指是我捡的，我一没偷，二没抢，不上交也不犯法，顾客也不知道在哪里丢的，他也找不到我这里来。"

　　王大姐并没有灰心，而是耐心引导："小史，你知道什么叫'不劳而获'吗？"

　　小史嫌王大姐爱管闲事，直接顶撞过去："不知道！"

　　王大姐耐心地说："虽然你还小，很多事情还不太明白，但是我想你一定清楚，'不劳而获'就是自己不去劳动却占有别人的劳动成果。"

　　"我们这些没钱的贫民百姓，可没那么高尚，不懂得什么是'不劳而获。'"小史反讽道。

　　王大姐说："那你说，抢别人的东西是不是'不劳而获'？"

　　小史木纳地回答："是的。"

　　"那你说，偷别人的东西，是不是'不劳而获'？"

　　"当然是的。"

　　"那偷别人的东西，是占为己有；抢别人的东西也是占为己有；捡别人的东西也是占为己有。同样都是'不劳而获'，有多大差别吗？性质都是一样的呀！那，你现在说，捡别人的东西据为己有是不是'不劳而获'呢？"

"这，这……"小史一时语塞。

王大姐乘势教育道："我们活在世上，除了受国家法律的约束，也会受社会公德的约束。再说，店里也有店里的工作守则，拾到顾客遗失的物品要交还。你还小，可不能一时贪心犯糊涂啊！想要金戒指，就要靠自己的能力挣钱买，那样，用得才理直气壮！"

王大姐并没有空洞地讲大道理——捡别人东西归为己有会有什么后果，而是运用类比手法，层层推进，寓情于理，将"捡东西归为己有""偷东西归为己有""抢东西归为己有"三者性质相似、严重性不同这一道理说得清清楚楚，直击小史的内心，最后使小史意识到自己的错误。可见，形象化的语言更有感染力，更有说服力。

聊法：●●●

（1）聊天时巧妙引用的修辞手法，或引用警策人心的名人名言，或引用富含哲理的名诗名歌，或引用格言、俗语、成语，等等，既减少了抽象说理的枯燥感和空洞感，又增加了语言的活泼气息。

（2）聊天的时候巧用讲故事的方法，将哲理寓含在故事里，会令你的说理更加婉转和耐人寻味。

（3）聊天的时候巧用排比手法，增加情感和说理的气势，从而增强说服力。

38. 在聊天中做决定，在闲谈中去说服

在生活中，我们总会遇到"认死理"的人。无论你把自己的想法和观点表达的多么清晰、多么透彻，对方还是不会同意自己的观点、接受自己的意见。他们宁可采用现有的、熟悉的方式维持现状，即使这些方式不能让他们满意，也会抵触、拒绝接受你的新方法、新方式。

人的思想是复杂的，一旦对方对一件事或一种方式想不通、不理解，就会抱着重重疑虑不放。面对这种情形，与其费尽力气地与对方解释、劝说，还不如先放下目的，去与对方慢慢闲聊，这样一来可以给对方一个心理上的缓冲期，让对方放下戒备试着慢慢接受你，二来你也可以通过闲聊弄清楚对方的层层顾虑。然后，你再以交朋友的姿态与对方接近，让对方放下包袱，最后针对对方的顾虑剥丝抽茧，逐步引导，层层深入，达到说服的目的。

古人曰："壁立千仞,无欲则刚。"心理学研究发现,说服是一种心理战。有时你的目的性越强，反而越不容易实现。所以，倒不如先把目的放在一边，这样你自己会在聊天过程中更加轻松，对方也会愿意接受你这个人，进而愿意接受你的劝说。

这次合作非常关键，我们公司上上下下的人都很重视，到时你们一定要提供丰富的论证！

没问题，我们做过详细的市场调查，相关数据也很全面……

KEY TIPS

说服对方的时候，要有客观的理论支持，最好通过真实的数据、有逻辑的分析和严密的论证来表述这一观点，才有可能消除对方可能存在的偏见，安心承认你所说的事实。

张小姐做了十多年公交车售票员，从没有接到乘客的投诉，年年被评为优秀售票员。这不仅因为她温和的态度，优美的嗓音，还因为她不管遇到什么情况都不急不躁，处理问题也是灵活机智、善于说服。

例如，一个周末的傍晚，正值人流高峰期，公交车上人满为患、拥挤不堪，这时，有个抱宝宝的中年妇女上了车。张小姐温柔地喊道："哪位同志能给这位抱宝宝的女士让个座？谢谢！"也许车上太拥挤、嘈杂声太多，也许是大家东逛西跑了一天，疲惫了，都不愿意挪动身体。

张小姐连喊了几声，仍是无人应答，便站了起来，四处瞭望。她看到了后门窗户边坐着几位年轻人，便提高嗓音说："抱宝宝的女士，请往里走，靠窗坐的几位年轻人都想给您让座呢！"

听到张小姐的这些话，几位年轻人都不好意思地站了起来，让座给中年女士。中年女士一屁股坐在座位上，忙着照顾宝宝，竟然忘了说谢谢。见到如此没有礼貌之人，让座的年轻人一脸不悦。

张小姐将这一切看在眼里，忙走过去逗着宝宝说："小宝贝，多好的叔叔啊，给你让了一个座，你还不谢谢他。"这些话提醒了中年女士，她忙向年轻人道谢。那位年轻人见到宝宝和妈妈一起跟他道谢，心里一阵暖意。

振振有词地争论，只会引起对方的不快，直接下命令、做要求，也可能令对方一时难以接受，甚至触动对方的逆反心理，令对方跟你对抗到底，影响你解决问题、处理事情。所以，想轻松地说服别人，就要先看清对方的心理需求，由小及大、由点及面、步步推进，切入问题实质，让对方妥协、心服口服。

聊法：●●●●

（1）不同的沟通环境常常会有不同的沟通效果，在自己熟悉的环境沟通可以增加自身心理优势。说服对方的时候，如果在自己家里，底气就会很足，利用双方的信息不对称，做起事来就会更有把握。所以，说服对方的时候，如果不能在自己办公室或者自己家，也要选择一个比较中性的环境，如茶室、咖啡馆、酒店等。

（2）利用"同体效应"，找到对方兴奋点，争取保持一致。想要说服对方，就要先让对方喜欢自己，这需要你首先要投其所好，寻找共同的兴趣、爱好和关注的问题。假如你的顾客喜欢听演唱会，你多跟他聊聊演唱会的事情，对方说不定会在愉快的心情中接受你的要求。

（3）引用身边的典型事例作证据。一般情况下，引用身边真实的事例，比长篇大论、滔滔不绝地大肆宣传更有说服力。比如，你推销衣服，拿身边朋友的试穿效果说事，比空洞说教更有说服力。

39. 要受人欢迎，还得保持一定距离

从礼仪上讲，初次见面，双方接触要保持一定的距离——离得太远，对方有可能会误认为你抵触他，故意不跟他接近；离得太近，可能又会让人觉得受到冒犯，会引起别人的反感。保持最佳的社交距离，是分寸、是规矩，是一个人良好素质和修养的表现。

当然，这种有分寸、有礼貌的距离不仅是指物理上的距离，还指心理上的距离。要想受人欢迎，聊天的时候，就不能触犯对方的隐私，不能涉及对方的缺陷、弱点，特别是隐藏在内心深处不堪回首的"伤疤"，即使你一眼就看出来，也要配合对方极力回避和隐藏。

人的心理总是很奇怪，人与人之间的关系保持在一定距离的时候，往往比较容易维护，而如果关系太近亲近时，由于过于放松，反而彼此不会太顾及对方的情绪和感受。实际上，越是亲密的人之间，越是要注意保持交往的"度"，说话、做事都是如此。例如，夫妻之间由于朝夕相处、亲密无间，便容易说话口无遮拦。亲密的朋友或亲人之间同样如此，如果觉得彼此关系亲密，感情深厚，见到对方不是之处，就无所顾忌地指责对方，很可能伤及对方的自尊心，甚至翻脸。这种情况偶尔为之也许并无大碍，

小李，这个合同拿下来你有很大的功劳，正好今天我在楼下餐厅定了位子，和一个老同学吃饭，你也一起来吧！

谢谢王总，这都是我应该做的。我已经叫了外卖，就不一起去了。

KEY TIPS

无论是朋友还是同事，你再怎么受欢迎，还是要与其保持适当的距离，尤其是对于上司更是如此；同时，对方的隐私、缺陷、弱点，在交谈的时候都要规避。

但若是经常这样，便有可能伤害彼此，造成感情破裂。

社会心理学上的瀑布心理效应告诉我们，再亲密的朋友也要保持距离，不要"不小心说错了话"！

林小姐刚到一家新的公司做总经理助理，坐在办公桌旁边的小徐也是总经理助理。小徐是个性格内向却又很要强的女孩子，两个人因为工作关系常有来往。现在虽然是很好的朋友，但最初的时候，双方却因为林小姐不懂得把握说话的分寸，不懂得保持距离，使小徐误解了她很长时间。

事情是这样的：林小姐刚来到公司的第一天，打算示好小徐。于是在午休时间拿来一罐水果罐头，准备跟小徐分享。但是，水果刀撬了很久，却打不开瓶盖，于是让小徐帮忙打开，并顺口说了句："我不相信你能打开！"小徐很快就打开了，林小姐让她吃，她却不吃，还一脸不悦，让林小姐不明所以。

第二天，林小姐由于时间紧迫，有一个小的工作任务没有完成，请小徐帮忙，就把这个工作任务交代给小徐，顺口说："我不相信你今天能做完！"小徐一看这个小的工作任务其实十几分钟就能做好，林小姐竟然说自己一天都完不成，就特别生气："你怎么这么看低别人呢？我有那么差劲吗？我哪里得罪你了？你老这样冷嘲热讽的！"林小姐很惊讶地反问道："我哪里看低你了？我哪里冷嘲热讽了？"小徐眼里包着眼泪："你不相信我能打开水果罐头！你不相信我能完成这个工作任务！我连这些事情都做不了，我做这个助理干嘛？"

林小姐这才明白，自己不小心说的一句话，让对方误解了。林小姐给小徐讲了她小时候，妈妈常用这样的话给她鼓励。在林小姐小的时候不愿意好好吃饭，妈妈总是说："我不相信你能把这碗饭吃完！"林小姐就憋足劲吃完这碗饭……见到效果这么好，妈妈经常用这句话来激励林小姐，根本没有瞧不起的意思，只是希望林小姐去试试。

潜移默化中，林小姐也经常用这句话激励别人。而小徐却将这句话理解成"你真笨！"以为林小姐在不怀好意地攻击她。听了林小姐的解释，小徐才破涕为笑。试想一下，如果小徐不是朝夕相处的同事，而是一面之缘的陌生人，林小姐还有机会解释吗？那么陌生人会对她留下什么样的印象呢？

可见，强烈的瀑布心理效应存在于生活的每一个角落，想避免这种误会的发生，就要提高警惕，把握交往的距离和说话的分寸，防止对方产生"你在看低我吗""你在调查我吗""你干嘛问我这些"等的戒备心理。也许你是无意的，但对方却是有心的，这样的后果，很有可能让你人际关系紧张，或损失一笔生意，或丢掉一份工作。

聊法： ●●●

（1）初次见面，宜保持谦逊，关注对方感受，保持基本交往礼仪。以自我为中心，就很容易忽视对方的感受，导致对方心理上的失衡。所以，聊天的时候，要围绕与对方有关的话题来展开。比如，"哇！你旅游过的地方真多，我只去过几个小城市，讲讲你的旅游经历呗！"

（2）初次见面，最好不要涉及他人的隐私，以及令人不愉快的内容，如你不要问女孩子的年龄、婚姻、收入等，避免谈论涉及荒诞、淫秽、疾病缺陷等内容的话题。

40.坦白自己的真实感受比绕圈子更有效

如今，我们处于一个快节奏的时代，过多的含蓄客套、旁敲侧击往往会让人觉得浪费时间和精力，而开门见山、快速切入主题、坦白自己真实的感受，常常更容易让对方有耐心去倾听和了解自己，从而更容易高效地拉近彼此的关系。

相反，若不坦白，绕弯子，磨磨唧唧、絮絮叨叨，只会浪费别人的时间。如果我们说的每句话能让对方减少 1 秒钟的理解时间，那么我们每次聊天就会节省几分钟的时间，1 年就会节省几百分钟的时间，一辈子就会节省几十天的时间……那么，我们时间的利用效率就会提高很多，聊天效果也会提高很多。

特别是在职场，为了提高工作效率，很多时候要坦白自己的真实感受，消息和反馈都要确保真实，不要掺杂任何的水分，避免其他因素的干扰，更要避免让自己的团队成员误解。一旦确立目标和立场，就要用最快的速度去执行任务。否则，团队成员可能因为你的拐弯抹角而无法了解全部的真相，从而破坏组织的平衡，将事情搞砸。

您好，了解一下我们推出的云南七日游吧，参加的都是像您这么大年龄的阿姨！

云南
七日游

就是那种骗老人购物的吧，不参加！

KEY TIPS

坦白地说出真实感受，确实比绕圈子更有效，但难听的真话也要修饰一下，否则，很容易伤害对方，甚至让对方恼羞成怒！

先生，了解一下我们机构的外语课程吧？主要针对3岁以上宝宝！

英语课程

谢谢你，我家孩子已经报了另外一个机构的课程。

KEY TIPS

拒绝对方的时候，坦白地说出自己的感受和状况，让对方理解自己的做法，既达到了自己的目的，又给足了对方面子，一举两得。

　　小李说话做事一向磨磨唧唧，别人每次跟他说话能费死劲，都是"嗯嗯、啊啊、好好、可以"没完没了，废话一堆。有时候，你需要费老半天工夫才猜中他的心思。朋友听他说话，经常不耐烦地喊停，直接问他什么事情，或者事情什么时候能办成。

　　前几天，他的朋友小杨就因为小李的拐弯抹角郁闷了一把。事情是这样的：小杨到日本旅游了几天并把旅游的照片发到微信朋友圈，小李发微信给小杨："去日本旅游了？怎么样？玩得开心吗？"

　　小杨回："很开心，去了最想去的大阪，挺漂亮的！"

　　小李接着发消息："看到你上传了iPhone7的照片，刚买的新机吗？"

　　小杨回："是呀！我的旧手机不小心进水了，不能用了，就买了这个最新款的苹果机！"

　　小李问："你每个月那么点工资，刚够日常开支，怎么会有那么多钱？做了理财吧？不然，哪有钱去日本玩？还买iPhone7？"

　　小杨回："炒了一点股票，赚了一点钱！"小杨想小李平时是那种拐弯抹角的人，不会又有什么想法吧？结果，继续闲聊了近一个小时，小杨才问出小李的真实目的。原来，小李是想跟小杨学炒股票！

　　小杨当时就生气了："你想学炒股就说呀！干嘛东拉西扯？要不是我一步步问你，我永远都不会知道你想干什么！我们是朋友吗？真没见过你这样的人……"

在这个快节奏的时代，大家都有自己的事情要忙，聊天的时候，不要那么多的修饰和拐弯抹角，浪费彼此的时间和感情！有事直接说，不要拖泥带水，想要达到什么目的，直接说就好。

聊法：●　●　●

（1）汇报工作时，直接说结论。在公司里，领导有太多的事情要忙，事无巨细，徒增领导的烦恼，不如直接告诉他结论、结果。

（2）跟追求完美的人聊天的时候，要坦诚、直截了当，因为这类人特别敏感，你的拐弯抹角、各种伎俩他都了然在心，除了不屑与厌恶再无其他。

（3）多用短句。短句简洁有力，有利于对方集中精力地听我们聊天，不像长句那样容易让人误解。

（4）打电话最好不要超过3分钟，有事说事，直接告诉对方你的目的，别耽误对方的时间。

第五章 情境不同，聊天方式也不同

41．遇见上司，聊什么才不会冷场

职场如战场，要想得到领导的赏识、做职场红人，不仅要懂上司、懂规矩，给足上司的面子，还要掌握娴熟的聊天技巧，让上司知道你跟他立场一致，或者至少让他觉得你愿意与之亲近。

但是，很多职场中人却觉得与上司实在没有什么可聊的，和上司每每共处就会出现冷场。其实与上司聊天没有那么可怕，只要你掌握一些基本的聊天技能，就可以避免你与上司之间的冷场局面。

例如，你可以多聊上司高水平的工作能力，表达自己对上司的崇拜；也可以聊上司工作中擅长的专业领域，多向上司请教工作中遇到的困难和问题；还可以聊上司的业余爱好，聊上司感兴趣的话题，上司会愿意与你聊更多内容。彼此关系达到一定程度时，也可以适当地聊些家长里短，让彼此的私下感情加深……

与领导谈公事的时候，要把握谏言的良机，特别是在领导主动征询你的意见的时候，如果有好想法，就要勇敢地提出来，让领导在了解你见解和主张时认识到你的优势和独特之处。

还有一点需要特别提醒，与领导聊天，一定要会察言观色，通过观察

您的这件衣服特别衬肤色，款式也适合你，感觉就是为您量身定做的!

是吗，呵呵，其实这是几年前买的呢! 一直没怎么穿。

谢谢! 其实我也是随便买!

真的? 还以为您新买的呢! 您太会穿衣服了，很普通的一件衣服，您都能穿出不同的气质!

KEY TIPS

员工与上司共处休闲场合的情景很多，如电梯间、茶水间、餐厅等，这时见到上司尽量不要聊一些压力大的话题，轻松、休闲的话题反而更能营造一个好氛围。

言语脸色来揣摩领导的心理。当领导开心时，你的意见就会很容易被采纳；但如果领导不高兴的时候，你的方案再好，也很容易被拒绝。

所以，你要细心地观察每一个细节，包括领导的动作、行为以及口气与音调。这些角度都可以判断出领导今天是带着怎么样的心情来上班的，那么你私下制定出相应的对策，从而让说话达到好的效果。

技术部的小周虽然专业能力过硬，但是他不会喝酒，不会抽烟，不会K歌，不善应酬，公司里的各种聚会常常搞得小周苦恼不堪。每次和上司挨着坐，小周总会很紧张，搞得上司都不愿意跟这个无聊至极的人坐在一起。

朋友小李恰恰相反，他虽然专业水平不如小周，但是很会调节聊天气氛，有他的场合，即使暂时存在冷场现象，也会很快被他调节过来。正因为如此，小李在公司里很受欢迎，就连那些最关注业绩的上司们也十分喜欢他。

聚会的时候，看到大家各自玩手机，不言不语，小李会用简单的小游戏来暖场。如玩一玩"石头剪刀布"，制定严厉的惩罚规定，输掉的罚喝酒，或者罚唱歌，让上司也一块参与进来。大家瞬间都会打成一片；再如，KTV的时候，大家轮流唱累的时候，点上几首大家熟悉的歌曲，总有那么几个人会不由自主地跟你一起唱，很快会调动大家的气氛；又如，走到上司身边敬酒，念叨上司平时对你的照顾和提携，唠唠家里长短，联络一下私下的感情……

最后，疲于应酬，想脱身的时候，装醉或者让家人给自己打电话，提早立场。

和上司在一起的时候，即使遇到冷场了，也要懂得暖场的方式方法，并努力调动聊天的氛围，让彼此在愉悦中结束聊天，给上司留下好的印象。

聊法：●●●

（1）活用现场材料，选择上司关心并愿意聊的事情做话题。比如，聊一聊上司的籍贯，攀一攀老乡情；聊一聊上司的服饰，赞一赞上司高大上的品位；聊一聊上司的房子，夸一夸上司的能力……

（2）针对上司的专业领域，用政治、体育、股市、时尚和当地新闻等，征求其建议。例如，你的上司是位园艺爱好者，你可以问他："我想在家种一盆花，您觉得什么花比较好养呢？"

（3）巧妙回避你不知道的事情，如领导问你某个计划怎么样，你千万不要说不知道。你可以说，我再认真想一想，考虑周到了，再聊我自己的想法行吗？

（4）向上司传递坏消息的时候，要委婉，如你做的项目出现了一些问题，你若直接报告给上司，上司肯定觉得你办事不力，臭骂你一顿。你最好委婉地说，上司，我们似乎碰到一些状况。

（5）赞美身边的同事，让上司知道你是有团队精神的人，如你在上司面前，赞美同事的策划做得很好。

42. 再好的朋友，这些话也不能说

生活中，有些心直口快的人总是口无遮拦，说话太过随意，常常痛快了嘴巴却伤了交情。或许他们并没有坏心眼，说的都是事实，但是却没有顾及别人的感受和心理承受力，说话总往别人的短处和痛处捅。有些人根本没有意识到，有时自己一句无心的话足可以让人记恨一辈子。

这些人以为自己只是心直口快，甚至常常以此为荣，以为这样才显得更加真诚，还以为只有这样才能交到真正的朋友。殊不知，朋友之间的交往，真诚固然重要，然而真诚也要有度，若"真诚"到了说话不过脑子的程度，就会得罪人，甚至会把人得罪透了，居然还不知道是因为什么。所以说，即使再好的朋友，有些话也不能随意去说。

再好的朋友，聊天时也要谨记这些禁忌：首先，人人都爱面子，家丑不可外扬。没有人愿意把自己的隐私或家中不光彩的事情暴露在众人面前，一旦被别人曝光不愿意曝光的事情，无疑会恼羞成怒。

其次，不可将劝说变成指责。人无完人，有的时候，朋友难免因为一时的错误选择和做法做出一些不恰当的事情，但事情发生之后他们也会因为这些错误带来的后果而感到后悔和苦闷。这时候，你若再"恨铁不成钢"

你的初恋吻过你吗？

不好意思，我能不回答这个问题吗？

KEY TIPS

当对方问你一些你不好意思回答的问题，或者让你感到不悦、不舒服的问题，你完全可以微笑着拒绝，这样既不会让对方难堪，又不会触及你的底线。

岁月不饶人啊！你的偶像XXX老了，满脸褶子！

你最棒！

真讨厌！他在我心目中永远18岁！

KEY TIPS

即使你十几年的闺蜜，也要记得，不要嘲笑她喜欢的东西，特别是她的偶像，更不要冷嘲热讽，要夸她的偶像帅、人品好、演技好、有才华、有品位……

地将劝解变成指责，无疑是给朋友雪上加霜，让朋友反感。

再次，不要当众批评朋友。在众人面前痛斥朋友，将朋友不愿示人的缺陷和错误暴露在众人面前，让朋友的颜面尽丢，这样即使你出于一番好意，最终也可能导致这段友谊终结。

另外，不要动不动就和朋友翻"旧账"，更不要当众揭朋友伤疤。翻陈年旧账，将朋友过往的错误一股脑地抖出来，勾起朋友不愉快的回忆，会让朋友愤怒不已。

雷小姐很热情，特别喜欢照顾别人，但是却不怎么会说话，几乎每次说话都直白得让对方难以接受，专捅对方的痛处，伤人至极。

雷小姐最好的朋友李小姐向来朴素，雷小姐经常跑过来跟李小姐说："你整天穿同一件衣服，拜托能不能换一件？"李小姐原本没有在意雷小姐的话。可是，一次朋友聚会，雷小姐竟然当着那么多人又对李小姐说："拜托你换件衣服吧！我实在看不下去了，你总是这样穿衣服，就像捡破烂的似的，我跟你在一起觉得很丢人呢！羞死了！"李小姐在这么多朋友面前觉得很没面子，生气了好几天，雷小姐知道后轻描淡写地说："你知道的，我这人就是心直口快，没有坏心眼的。"

这样的事情还有很多件。雷小姐经常对李小姐说，你看你新交的那个朋友什么玩意嘛！每次来你家做客都把你家搞得乱七八糟，人品有问题；雷小姐还会对身形偏胖的李小姐说，你看你胖得跟头猪似的，还这么能吃，你把×××美食节推到你家来算了；有时，雷小姐又会一脸关切地对李小姐说，你男朋友真不是个东西，这么冷的天，也不知道开车来接你上下班……很多次，李小姐都觉得雷小姐的话让自己很不舒服，但是又心想她也没什么坏心眼，最后自己郁闷上一段时间也就过去了。

可是最近又发生的一件事，让李小姐觉得实在忍受不了雷小姐了。事情是这样的：领导让李小姐做一个重要项目的策划，领导很重视这个项目，而李小姐也深知这一点，于是非常认真地去准备了。结果策划稿刚一完成，雷小姐又跑来，对李小姐的策划稿评头论足半天，说这里考虑不周、那里想法幼稚……虽然雷小姐说得有一定的道理，但是，语气、语调、话语内容真的让人无法接受，这可是李小姐辛辛苦苦付出了很多努力才完成的，这十多天，李小姐每天晚睡早起，把所有心思都放在了这上面，结果却听到了朋友这样一番评论！李小姐心里越想越别扭，委屈极了，脑海里满是雷小姐平日各种难听的话语，一气之下，李小姐再也不理雷小姐了……

孔子曰："君子讷于言而敏于行。"谨慎慢言、三思而言，这才是受人称道的君子表现。而口无遮拦、信口开河，其实只是打着"真诚"幌子的自私——只为满足自己一时的口舌之快，而不考虑他人感受，不是自私是什么？朋友相交，贵在心真，而不是语直。虽然古语说"良言苦口"，但若为良言注入一些技巧，让它们不再苦，效果或许更好。

聊法 : ● ● ●

（1）朋友讨厌你说的话，别一犯再犯。如朋友不喜欢你口无遮拦，或者不喜欢你说脏话，或者不喜欢你谈论别人是非……你最好就不要在朋友面前讲。

（2）朋友不想说的话，不要刨根问底地逼问。再好的朋友也不能保证百分百知根知底，每个人都有自己保留的角落，问多了只会徒增彼此的尴尬。

（3）即使朋友让你提意见时，你也不要太直白，要先扬后抑，比如先说"你做得挺好的；这种做法效果不错……"然后，再用"不过；但是……"的转折口气委婉地提出自己的意见，这样既不会扫朋友的面子，又可以提自己真实的建议。

43．与伴侣聊天前，
找回你"善于撒娇"的本性

心理学研究发现，两个人相处时间越久，关系越亲密，在心理上就会越放松警惕，不自觉地不尊重对方、挑剔对方，并产生各种摩擦和冲突。特别是情侣，常常会因一些鸡毛蒜皮的事产生冲突，最后伤了和气、伤了感情……

事实上，伴侣之间的事情本没有那么严重，撒个娇、卖个萌，说一些甜言蜜语，一切便迎刃而解了。有人说世间的女人犹如一朵娇艳欲滴的花，适时地撒娇让这朵花弥漫着浓郁的芳香，或娇嗔发嗲、软软糯糯，或无赖撒泼，吐舌、跺脚、扮鬼脸……让人即使心中有气也顿时化为乌有。

可见，撒娇是一门利器，是沟通的取巧之道。娇的核心是示弱，把对方捧到天上去，让对方不好意思不通融、拒绝，即使对方没有能力完完全全地做到，也会帮你寻找到补救的替代方案。

但是，撒娇也要有分寸，所谓"物极必反"，太过了就会让人反胃。特别是公众场合，大家都在忙着做事情，你非要缠着自己的爱人这样那样，

KEY
TIPS

两个人在一起久了，难免争吵，与其伶牙俐齿、强势地占上风，不如撒撒娇，用温柔化解他的不满。

他就会觉得你任性不懂事。若再因此招来非议，他就会变得反感起来。相反，见好就收、收放自如，爱人才会对你疼爱有加，你们之间的关系才会愈加和谐亲密。

小石学历不高，长得也不是特别漂亮，家庭背景也不是很特别，但是却从公司的一个前台混到了公司总裁助理，不仅事业蒸蒸日上，家庭也很和谐，和老公恩爱有加。

小石说，她遇到很多事情之所以能迎刃而解，就是因为她知道柔能克刚，时不时地表现一下女人特有的妩媚，撒下娇。例如，总裁需要某个急件，本来只有下午才到，她跟快递公司放低姿态说明原委，果真优先送达；再例如，同事抱怨节假日加班补贴一直没有及时发放，她抓住时机向总裁及时提醒，总裁立马就签字了……

在家里，小石也是老公捧在手里怕摔了、含在口里怕化了，完全因为小石很有女性特质，特别会撒娇。一次，她去买菜，打电话问老公吃什么。老公正忙着说："你看着买吧！"小石接着说："你不说的话，我就买西红柿和韭菜了。"老公一听不耐烦了："天天吃这些，你腻不腻呢？"小石也累了一天心情也不是特别好，提高了分贝："你自己又不选，我想买什么就买什么！"老公彻底发怒了："随便！"

最后，小石买了老公最爱吃的大虾，做了蒜蓉蒸虾。老公回到家，小石搂着老公的脖子撒娇："老公，我把你要的'随便'买来了！吃吗？"老公顿时觉得自己在电话中有些过于急躁了，心里很愧疚，于是吃完饭主动要求洗碗，下午打电话时两人的不愉快一扫而光……

撒娇，不是屈服，而是一种爱的表达。争吵后，一句"亲爱的，抱抱我"便可以结束冷战，和好如初！当柴米油盐的琐碎生活磨掉了最初的激情，请不要河东狮吼，请不要唠叨、抱怨，撒个娇，一切都会变得很简单。

聊法：●●●

（1）欲擒故纵。例如，小周和老公吵架，老公一气之下要离家出走，小周却挡在门口："向来都是女人离家出走，你个大男人跑什么跑？"老公怒气未消："你要干嘛？"小周嬉笑着说："我走！我要带走我所有的东西！"拉着老公就往楼下跑，"你也是我的东西！"老公哭笑不得："我才不是东西！"小周哈哈大笑。老公忙改口："我是东西！"……

（2）转移重点。例如，小李与老公约好一块回家吃晚饭，因为工作比较忙，晚回家一个多小时，回到家老公阴沉着脸。小李娇嗔地说："都怪这双臭鞋！崴住我的脚了，害得我迟到！好疼！"老公一脸愧意地来扶小李："怎么不让我去接你？"

（3）适时赞美。例如，小杨回家，老公炒了几个菜，虽然不合小杨的胃口，小杨仍娇嗔地赞美："老公好棒哦！吃老公亲手做的饭菜，幸福又浪漫！"听到小杨娇滴滴的声音，老公一脸幸福。

44. 年长者想听的其实都是"无聊的废话"

年长者如同迟暮的夕阳，历经大半辈子的风雨和琐碎，很多思想观念已老化且根深蒂固，你跟他聊当下最时髦的话题——甄嬛、花千骨、小鲜肉等，未免太过突兀，而且很有可能招来误解和不屑。

但是，你跟他聊聊家长里短，在你看来也许是"无聊的废话"，在他们心里却无疑是打开了"套近乎"的话匣子，他们可能会因这些"无聊的废话"越聊越兴奋，并主动将大半辈子的经历和故事一一讲给你听。

这时候，不管你爱听不爱听，都要表现出一副认真倾听的热情劲，给对方一见如故的感觉。一方面，是对老人最基本的尊重，是一种尊老爱幼的传统美德的传承；另一方面，你暂时做一下老人的倾诉"缸"，可以让老人发泄一下积攒多时的情绪。因为很多老人年龄大了，行走不方便，常年待在家中，闲来无事，寂寞孤独，总渴盼着有人听其倾诉。聊聊天，也许都是可有可无的"废话"，但对老人来说，却是莫大的精神安慰。

小赵想把自己公司的产品纳入某集团公司的采购目录，找了负责采购的刘处长很多次，却一直没有效果。朋友说，刘处长比较高傲，和他沟通

是呀，我就喜欢这个电视剧，看了不知道多少遍了，你最喜欢谁呀？告诉你我喜欢……

刘奶奶，您也爱看《甄嬛传》啊？我也很喜欢看！

KEY TIPS

老人有时候就像孩子，聊天的时候，往往是你开对了头，接下来听她说就可以了。

起来非常困难。

这天，小赵又提着营养保健品，来找刘处长，一位头发斑白的老太太给小赵开了门。

"阿姨，请问刘处长在家吗？"小赵堆满一脸微笑，将礼品放在茶几上。

"他有事出差了，您找他什么事？"老太太慢悠悠地说。

"阿姨，您一个人在家呀？"小赵没话找话。

"是呀！都有事出去了！儿媳妇陪孙子去参加什么亲子活动！"老太太略显寂寞。

"阿姨，要不要带您去外面逛逛？"小赵试探着问。

"唉！年龄大了，哪里都不想去！在家呆着好，安静！"老太太脸上露出了笑容。

"我奶奶跟你年龄差不多，跟您想法一样，喜欢在家呆着！"

"她平时在家干什么？"老太太似乎一下子找到了话题。"呵呵，她喜欢听戏，天天没事打开电视看越剧！"

"嗯嗯，越剧好看，我也经常看。"

"我奶奶喜欢种花花草草，我家阳台上的植物全部是他种的，红红绿绿的，生机勃勃的样子，还挺好看！"

"小伙子，你看，你看，我家阳台，都是我种的，就喜欢这些花花草草，看着舒心！"老太太心情看起来特别好，拉着小赵去阳台欣赏自己种的花花草草，"这是我最喜欢的蝴蝶兰，娇艳得很，每次看到它多开一朵花，心情就好了很多。"

"阿姨，您还是年轻人的心态！这样好！这样好！"小赵趁机恭维……

两个人开开心心聊了一个多小时，小赵接到老婆打的电话，才跟老太太分别，老太太依依不舍，邀请小赵下次再来……一周后，刘处长主动约小赵过来谈产品入围的事情。事后，小赵就想，幸亏自己当时耐心地陪老太太聊了半天闲话，这才有机会给刘处长展示自己的产品。

如今社会，很多老人不缺物质给予，却缺少陪伴。陪伴他们多说说"无聊的废话"，足以让他们排除寂寞、调节情绪。特别是求人办事的时候，把老人哄开心了，借助一下老人的力量，说不定会马到成功。

聊法：● ● ●

（1）跟老人聊天，要有耐心和同情心。上了年龄的老人，生理和心理都比较脆弱，出现体力不支、健忘、邋遢等现象实属正常，所以陪老人聊天要有足够的耐心和同情心。

（2）不要命令老人，而要试着用询问的语气。

（3）不要随意替老人做决定，要事先询求老人同意。

（4）多向老人请教，老人会很有成就感和满足感。请教老人如何做菜、如何做馒头、什么样的油比较营养等小问题，多用"请您帮忙""请您指导"等敬语开头。

45. 与客户聊天的重点就是取得对方信任

市场营销界流传着这样一句话——顾客就是上帝。多个营销案例证实，若想获得客户的支持和喜爱，最关键的就是取得对方的信任。因为信任是一种亲密而友好的表现，只有对方信任你了，他才会在内心深处给你留一个位置，才会理解你的想法，才会相信你的理由；相反，若客户不信任你，你说任何话都不会起作用，甚至很多时候连说话的机会也不会给你。

要想让客户信任你，可以尝试以下方法：

第一，利益引导。客户最关心的就是自己的利益，如果你将为客户省钱和赚钱的方法和证据摆在客户面前，客户就会认为你是"自己人"，你在设身处地为对方着想。

第二，借助推荐。常言道："不看僧面看拂面"，亲朋好友的推荐更容易让客户信任，所以要多鼓励老客户介绍新客户。

第三，引用数据，将统计数据和调查研究演化为生动、形象的感知，在对方的头脑里留下深刻的印象。

当然，想让客户信任你，不光是嘴上功夫，还要"言必信、行必果"！从身边每一件小事做起，从每一个细节来表达你的真诚，如你跟客户说，

张先生，我刚刚给经理打电话为您争取了最低折扣，这套书橱和床在我们原有的优惠基础上，再给您打9折！太难得了，我们新品从来没有这个价格卖过！

太好了，谢谢啊！

9折优惠

KEY TIPS

想要赢得客户的信任，跟客户友好合作，就要先了解对方的需求、对方的最终目的是什么，一旦对方的目的达到了、心愿满足了，基本上就成交了。

我只浪费你 5 分钟的时间来给你做个产品的大概介绍，那么你就要守时，5 分钟一到就立马停止，客户会觉得你就是一个讲诚信的人，值得信赖，就会很容易接受你推荐的产品。

　　小陈是一家家居商场的销售员，她一贯勤奋、努力，最重要的是人比较实在，总是站在对方的需求上考虑问题，不喜欢把产品说得天花乱坠，所以很多顾客都比较信任她，她的"回头客"也比较多。

　　一个新顾客跟小陈说："我打算给宝宝买一个可调节高度、自由折叠的学习桌！"小陈指着顾客想要的桌子说："说实在的，这款桌椅用着不是特别好，很多顾客用了一段时间就选择退货，这个设计太过复杂，孩子用着比较吃力不说，还容易挤到手。"

　　顾客很吃惊："啊！这样啊！我在杂志和电视广告上看到这款学生桌椅宣传得还特别好呢！"

　　小陈说："这是今年的新款，但是顾客验证后，发现这款产品虽然漂亮，很新潮，但是我不能欺骗你，这款确实有着设计的缺陷。估计过段时间，全面改进后的会比较好点！你可以等到那时候再买。"

　　这时候，顾客不小心碰到桌子的踏板，瞬间，桌子竟然毫无征兆地掀了起来，差点碰到顾客的下巴，顾客这时候对小陈的话更是确信无疑。

　　"对不起！对不起！没有碰到你吧？"小陈慌忙道歉。

　　"没事，是我自己不小心。"顾客忙强迫自己冷静下来，"确实，像你说的，我只能考虑其他款式了。"

这时，小陈给顾客推荐了另一款宝宝桌椅，不等小陈介绍完，顾客表示要买下这款桌椅了。

小陈叮嘱顾客："您还是慎重考虑一下吧！"

顾客摆摆手："不用了！我信任你！"

小陈给顾客打了销售单，再三叮嘱："你如果觉得那里不合适，我们两周内都可以退换货的！"

顾客开心地搬着桌椅回去，临走前还不忘说："下次，我还会光顾你们店的，谢谢你的推荐。"

由此可见，谁赢得了信任，谁就能在市场上立于不败之地；谁丢掉了信任，谁就会被市场淘汰。任何时候，与客户沟通聊天，你要在每一个细节上表现出你的真诚，表现出你的诚信，而不是用表面的强颜欢笑、编造假话、吹嘘商品等招式招揽客户，否则只会让人厌恶从而产生抵触心理。

聊法：● ● ●

（1）展示客户反馈。将以往的客户反馈信息展示给客户，让客户心里有个底，知道这个产品到底是什么样的，同时这也表示你对他的信任，将底牌信息抖露给他。

（2）彼此互惠，让客户感觉你在为他着想，如为了给客户提供合适的优惠，不惜花时间帮客户组装零件。

（3）创造出友好的氛围，积极地启发对方，如"你肯定会对产品的这个功能感兴趣的！"

46. 你跟孩子的聊天是否也是"质问"

对一个幼小的孩子来说，轻微的磕伤碰痛时有发生，犯小错误也时有发生。请相信，很多时候，他们都是没有恶意的，只是玩心太重，完全没有考虑到后果。而作为成年人的我们却耐心不够，很可能会因此心烦气躁、大吼大叫。

事实上，过分地"质问"，只会给他们压力，让他们产生逆反心理——不听话、不辩解，甚至态度恶劣地抵抗我们。

跟孩子聊天，最重要的是尊重和平等，教育的同时，恰当地保护孩子的自尊心。每个孩子都渴望被认可与赞同，在他们内心深处更希望父母看到自己的优点并鼓励他们，这样他们才会充满自信，才会有动力去战胜一次又一次的困难。少批评、多鼓励，多给他们比较好的建议，多给他们实实在在的帮助。让孩子们觉得父母真正地懂他们，他们就自然而然地会为自己的目标去奋斗，小则琐事，大则学习与生活，他们都会认真对待。

当孩子遇到难以处理的事情时，作为父母，请不要大惊小怪，不要错乱慌张，而应以轻松快乐的表情安慰他、鼓励他。如小声跟他说"没关系的，妈妈知道你不是故意的！""做错了，能改正就是好孩子。""我们

……

你在玩游戏？作业做完了吗？

抱歉妈妈，我还差一点点没做完，想玩下游戏休息一下。

哇——在玩游戏呢！看来今天没留作业或者你已经做完喽！

KEY TIPS

强硬的、带有质问语气的聊天很容易伤害孩子心灵，与其横眉竖眼地命令孩子，何不蹲下身躯，跟孩子柔声细语、和颜悦色地聊呢？也许这样，孩子会更容易听取你的建议。

每个人都会犯错，重新来一次好吗？"同时，抚摸一下他柔软的头发，握握他的小手，拍拍他柔弱的小肩，一个微笑、一个拥抱，孩子知道你是爱他的，会感受到安心和抚慰，他的内心就会充满感激和愧疚，不仅努力去改正错误，还会从中学会自信。

4岁的兰兰吃饭的时候，把米饭撒了一桌子，乱糟糟一片，兰兰爸爸看到后不耐烦地训斥起来："你怎么搞的？你看让你弄得桌子这么脏！一会儿我们还得收拾！"

听到爸爸严厉地批评自己，兰兰委屈地大哭起来："妈妈，我要妈妈！我要妈妈！"妈妈忙把兰兰抱起来说："你把饭撒在桌子上了呢！宝宝！能不能帮妈妈收拾到碗里呢？像妈妈这样！"兰兰妈妈做了一个示范动作，兰兰停止了哭泣，点着头，跟着妈妈学起来，把米饭收拾到碗里。

"哇！宝宝好能干！收拾的好干净呢！"兰兰欢欣鼓舞起来，开心地望着妈妈。

看到宝宝心情好了，兰兰妈妈趁势教育孩子："那你跟妈妈说，刚才是不是被你搞得乱七八糟？"兰兰点点头！

"那是不是不如现在干净？"兰兰点点头！

"那兰兰以后是不是不再把米饭弄到桌子上了？"兰兰小嘴发出轻微的"嗯"声。

"能不能跟妈妈拉勾勾？""好！"兰兰开心地跟妈妈拉勾勾。

从此之后，兰兰再也没有把米饭撒在桌子上，即使在桌子上掉几粒也会立马捡起来放在碗里，保持自己面前的桌子干干净净的。

生活中，很多家长总误以为自己的态度不严厉、措辞不强硬，就没有威严，孩子就不会听话，时间长了，家长总是处于大喊大叫、脾气爆发的不良状态中，孩子总是处于惊吓、恐惧中，这样会导致亲子间的交流产生严重障碍；相反，以平等、尊重的态度，温柔地、理性地给孩子讲道理、摆事实，或者自己以身为教，这个幼小的生命才会在良好的沟通环境中茁壮成长，健康地变成参天大树。

聊法：

（1）多用描述性语言。将重点放在"该做什么"上面，避开抱怨和指责。例如，宝宝撒了粥，你要说："撒了一地，我们等一下需要好好处理。"而不是生气地训斥孩子的不小心。

（2）多用拟人化语言。例如，宝宝忘了整理自己看过的书，你要说："宝宝，你把书扔得满地都是，你对它们这么不友好，它们会生气的哦！"宝宝就会乖乖地把书捡起来，整理好。

（3）善意提示。例如，宝宝把西瓜皮扔在了地上，你要说："宝宝，你把西瓜皮扔在地上，会绊趴妈妈哦！妈妈还要重新打扫卫生，会很累很累哦！"

（4）忌恐吓教育。每次孩子做错事情，你就吓唬宝宝"我就把你怎么怎么样！"宝宝就会觉得自己老做错事，一做错事就会有恐怖的事情发生，慢慢地就不敢做这做那，就会变得胆小怕事。

47. 和家庭主妇聊些温馨的话题

俗话说："三个女人一台戏！"商场、咖啡店、公园草地、公司茶水间、活动现场，哪里有女人哪里就有热火朝天的聊天场景。她们希望自己永远停留在十八岁，她们希望自己永远漂漂亮亮，她们希望尝遍世间美食，她们希望男人永远忠诚于自己，她们希望自己的宝贝孩子永远出类拔萃……

家庭主妇除了具有如上心理特征，由于平时还要照顾家庭和孩子，以及处理夫妻及婆媳关系等，话题往往更多些人间烟火气，显得更加温馨，也更加琐碎。她们会经常聚在一起聊以下的话题：

日常生活中乱七八糟的琐事包括微妙的婆媳关系、宝宝调皮的恶作剧、老公惹人厌的坏习惯、感情和婚姻……

还包括女人"通用"的兴趣、爱好，如喜欢的衣服、装饰；喜欢的化妆品；喜欢的电影、音乐和书籍；喜欢的美食、文艺活动和小动物……

当然也会有生活目标和方向方面的问题，如如何学外语，如何练英语口语，去国外旅行怎么运用所学的英语；报的什么培训班；如何炒股，如何赚一点私房钱……

聊天的时候，如果聊到对方爱吃的食物，一定要努力记住。每次一起聚餐，就记得点对方爱吃的菜，这个小细节绝对会让对方对你好感有加！

会聊天

　　小刘结婚后就做了全职太太，一天到晚做各种琐碎的家务，整天围着老公孩子转，世界封闭了，难免烦躁不安；再加上空余时间多了，经常感到落寞和空虚。于是，老公鼓励她多结交小区里的其他家庭主妇，多聊天，多走动！

　　小刘带宝宝在小区儿童游乐设施玩的时候，遇到了小董。小董也是一个两岁宝宝的家庭主妇。两个宝宝只相差一岁，玩得很开心，两个人聊起了宝宝："我家宝宝皮的很，跟个男孩子一样，整天上蹿下跳，也不知道危险！"小董颇有同感："我家这个也是，家里整天让他搞得乱七八糟，在沙发上翻上翻下的，他的玩具经常扔得客厅到处都是，东一个西一个的，走路都绊脚！"

　　小刘："是呀！现在的孩子跟以前的不一样了，聪明得很，心眼多得很，管都不好管！"

　　"是是是，在家都是我自己弄她，整天头大，各种闹腾！唉！他老爸工作忙，从来都不伸手！"

　　"我家那位更别提了，一年就回来两三次，每次孩子还没跟他熟呢！公司那边就打电话催了！"

　　"我们家的是懒，你们家的是工作性质问题，唉！我们做女人的苦呀！"

　　"现在真羡慕人家能嫁个好老公，那么顾家，帮助做家务，帮忙看孩子！"

"人生不能十全十美呀！顾家的不能挣钱，挣钱的不能顾家……"

"像母系社会那样，多夫制，就好了，娶几个老公，一个负责挣钱，一个负责照顾家，一个负责做饭……哈哈哈……"

"哈哈哈……"

两位年轻的主妇聊了一下午，都觉得时间过得好快。

聊一聊温馨的话题，发泄一下烦闷的情绪，向往一下美好的未来，重新旗鼓，向着新目标继续努力，未免不是一件有意思的事情！即使你不是家族主妇，但也要学会理解她们的想法，与她们聊天时多聊些温馨的话题，这会令你很容易与她们拉近关系。

聊法：●●●

（1）与主妇聊天时可以聊一聊儿时的梦想，如学钢琴、学画画、养宠物、集邮、学芭蕾舞、学插花、练茶道等，其乐无穷。

（2）或者聊聊女人之间比较感兴趣的话题，如占卜、算命、星座等，好心情爆棚。

（3）聊聊最近播的电视剧、电影，赞赏一下男主角，色色地聊一下男人，在嘻嘻哈哈中度过无聊的一下午。

（4）与主妇聊天可以温馨，但不可多事，切忌饶舌，同时也要远离饶舌者，以免自己惹上纠纷和矛盾。

48．与老同学一起聊过去、忆往事

我们经历了社会的世态炎凉，经历了生活的酸甜苦辣，经历了婚姻的油盐酱醋，经历了事业的成败得失……岁月流逝，从懵懂少年到而立之年，为人父母，为人妻儿，为人夫妇……无论世事如何沉浮，我们永远割舍不了就是最纯洁的同学情。

时下流行各种聚会，同学聚会尤其盛行。同学之间多年不见，再次聚在一起，有教师，有经理，有老板，有打工仔，有医生，有军人……各行各业，从脑海里搜寻一下老同学的名字和身影，聊一聊过去，忆一忆往事，一桩桩、一幕幕，仿佛就在昨天，让人激动不已。

老同学相聚，常常感慨万千。浓烈的情感如浪潮般奔涌，灿烂的笑容停滞在每一张脸上。觥筹交错间，聊一聊谁曾经调皮捣蛋，谁曾经是学霸，谁曾经早恋，谁事业风生水起，谁身价百万，谁桃李满天下……时间的沙漏沉淀着无法逃离的过往，彼此怀念、彼此歌唱这杯陈年佳酿的同学情，愈久愈纯正，愈久愈珍贵。

同学聚会，没有了学生时代的拘谨，聊天就随意多了，大家七嘴八舌、

同学聚会真无聊，以后再也不参加了！

你这个英语课代表，上学时候可没少为难我！

有吗？哈哈，谁叫你英语考试总不及格呢！

她为难的可不止你一个人，哈哈！

KEY TIPS

同学聚会，只是纯洁的感情交流，大家相聚在一起，回忆青春年少。同学会上，没有领导，也没有下属，所以，放下身段、放下架子，真诚地与大家沟通，大家回馈给你的也是真诚与关怀。

叽叽喳喳个不停。

"你还记得，我们学校那条蜿蜒的小河吗？我们经常在那里晨读呢！"

"是呀！好怀念那段岁月！你每天都会起得很早！帮我打早点，然后我们一起去晨读！我英语进步那么大，多亏有你呀！"

"哈哈哈，别说，勤奋的学生还是挺多的，每次我都有挤过人群，排长长的队给你买你爱吃的小笼包！"

"好感动呢！真的很难遇到对我这么好的人呢！如果我们还能待在一个城市多好呀！"

"我记得，你那时候很节省的呢！现在竟然出手这么阔绰，事业是不是做得很大？"

"哪里呀！只是自己开了一个小工厂，混口饭吃！你呢？在哪里发财？"

"我现在在一家国企做一个小科长！惭愧呀！已到中年，还处于这么尴尬的地位！"

"不错了，老兄，你要求太高了！"

"你还记得，你暗恋的小文吗？就在那边坐着！变化好大啊！"

"是呀！岁月不饶人！没想到现在都儿女成群了！那时候的我们，还那么青涩，偷偷看一下，都羞得慌！"

"哈哈……说得你好像多正经的人物似的！"

"我有那么'不良'吗？"

"上学的时候，你啥坏事没有干过？在班上念过女同学的日记，把人家气得哭得稀里哗啦！在班上偷偷画语文老师的图像，给人家安一个癞蛤蟆的身体，把语文老师气得停课不教我们了，都要……"

"好汉不提当年勇呀！"

还记得吗？我们一起上课，我们一起画海报，我们一起办活动，我们一起去企业参观，我们一起办校报……一件件趣闻，一桩桩往事，说不尽也道不完。岁月悄然在我们身上留下痕迹，同学情却永远不会褪色，反而越来越浓，越来越醇香！

聊法：●●●

（1）不要揭同学伤疤，如谁犯过错误，谁坐过牢，谁被公司开除过……这样，会让对方很尴尬，甚至动怒，伤害彼此感情。

（2）不要炫富。例如讲有人当了老板，有人做了经理等，即使特别有钱，也不要炫富，这样会令经济水平不好的同学觉得尴尬……

（3）不要计较。随着时光流逝，每个人的经历不同，性格、价值观等方面有可能会有变化，如果不是自己想象的样子，请不要计较！

（4）不要只诉苦。同学聚会本是开心的事情，要多聊开心的事情，不要诉苦，传递负能量，让对方感到累和烦！

49．给人道歉不能只说"对不起"

在工作、生活中，我们往往会因为说话不慎或者做事不周，让事情的发展偏离最初的想象，进而让他人难以理解和接受，导致彼此的关系紧张不已，甚至有可能因此发生争吵！这个时候，想消除对方的误会和不满，就要及时地真诚地道歉，求得对方的谅解。

但是，给对方满意的道歉并不是一件容易的事！有些人觉得难为情，开不了口；有些人可能不擅长道歉，以为生硬地说一句"对不起"，就万事大吉，结果往往无法得到对方的谅解。这些人常常会因为一些无关紧要的小事，惹下麻烦，甚至因人际关系恶化而吃到苦头。

而会道歉的人，会正确地使用道歉技巧，说"对不起"的同时，还会加以补充说明。这样，不仅能够化解矛盾，还能及时地给对方带来轻松和快乐，获得对方的谅解，让自己在生活、事业上更加顺利。这里，我们不妨学习一下几个道歉的小技巧。

迂回式道歉。当你做错了事情，不方便直接或公开道歉的时候，可以采取迂回的方式道歉。例如，主动地帮助对方做事情，让对方在你的温暖关怀下冰释前嫌等。

怎么办？给客户算错金额了，
先打电话道歉，再发封道歉信吧！

致歉信

to 李经理：

KEY TIPS

有时候，在纸上或者 E-mail 写的"对不起"更有分量。既可以节省见面交谈的时间，又可以免去彼此的尴尬。

- 219 -

微笑式道歉。微笑不仅可以缓和彼此紧张的气氛，还可以传递自己真诚的歉意。如你说错了话，向对方抱歉地微笑一下，让对方理解你并不是故意的。

自责式道歉。当你做错事情，对方的利益受到损失，对你强烈不满的时候，就要勇敢地站起来自责，缓和一下对方的不满情绪，可以说，"太对不起了，这都是我的错，事情弄成这样，我内心感到很不安。但我一定会尽最大努力弥补我的过失。"

因为工作需要，小李在周六日赶了一份报告。由于时间太紧张，小李犯了几处错——出现了几处错别字，逻辑顺序不清晰，角度太单一，总结没有点到位。报告交给主管，主管没有仔细看，就交给了经理。

经理看了特别生气，认为这是在应付差事，根本没有认真对待工作，就把主管叫到办公室狠狠批评了一顿："这么低级的错误还一犯再犯，亏是在专业领域做了几年。"

小李知道自己连累了主管，很愧疚，便想着给主管认个错。如果只简单地说声对不起则太肤浅，难以缓和主管郁闷的心情。于是，他给主管写了一封E-mail。首先，真诚道歉："主管，对不起，请您批评我！"其次，他找出出错原因："都是我的错，这个报告，我有几个地方写得不好，考虑不周。害得您被经理批评，我内心十分愧疚，如果您狠狠批评我能解气，请狠狠批评我！"最后，小李写了一下自己今后如何改正错误："今后，我一定会吸取教训，努力弥补，工作认真仔细，保证再也不犯同样的错误，再次恳请您原谅我。"

　　道歉是一种美德，也是一种人际关系的润滑剂。但道歉不仅仅是简单地说"对不起"，还要有诚恳的态度、知错必改的决心、恰当的分寸，这样的道歉才完美，才容易被对方接受。

聊法：● ● ●

　　（1）道歉之前就要做好充分的心理准备，给对方发泄不满的机会，千万不要一边嘴里道歉，一边又逃脱责任。给对方发泄不满的机会，让对方尽情发泄，这样等对方心中的怨气发泄够了之后，他们对你的不满也就渐渐消失了，这样彼此的关系才能回到从前。

　　（2）道歉的同时要及时改正错误，以获得谅解。仅仅是口头的道歉，对方可能不原谅你，但你若及时付出实际行动改正错误，并进一步做到更好，很可能会及时获得谅解。

　　（3）切忌为了息事宁人而认错。如果你没有错，你可以表示遗憾，而不必道歉。

50. 相亲时，聊什么给人好印象

生命的奇迹无处不在，缘分是一种奇妙的东西，你永远不知道下一块巧克力的味道，也许你众里寻他千百度，蓦然回首，那人却在相亲处。"相亲"是每一位适龄男女都可能遇到的情形，遇到自己心仪的相亲对象，掌握一些聊天的技巧，可以帮助你与相亲对象聊得更加和谐愉快，增加你在相亲对象心目中的印象分。

其实，相亲约会的每一个环节都可以充分利用起来。例如，你可以在用英文菜单点菜的时候，自嘲一下自己在英文上闹过的笑话，对方会觉得你特别有亲和力；你还可以讲一下这道菜在国外兴起的历史故事，让对方觉得你视野开阔、见多识广。当然，说这些话的时候，要配合表情、动作，眼神不时地望着对方，让对方觉得你很重视他。

有人觉得相亲时俩人初次见面，很难找到彼此都喜欢的话题。其实，在相亲时可供你选择的聊天内容有很多。例如你可以像下面这样聊。

聊聊曾经美好的回忆

年幼时期，每个人都会经历很多开心的趣事，不妨分享出来，找到彼

有时候宅在家里打游戏，看看书，有时候和朋友聚聚餐。

你周末没事喜欢做什么？

你住远大路是吧，那有一家叫××的餐厅很不错。是高档餐厅？

是的，菜品和环境都不错。

我跟朋友去过一次，你经常去？

是的，我经常跟朋友去。

KEY TIPS

男女相亲聊天，最忌讳的就是聊收入，但收入又是一个很重要的问题。既然不能直接问，就从其他方面聊起，如如何出行、居住情况、常去的餐厅等。

此的共同点，不仅可以产生共鸣，还可以让对方更深入地了解彼此。可以举例说，自己小时候总觉得工程师很神秘，希望长大后当工程师，结果现在才明白工程师天天泥水溅一身、衣服总需要不定时地缝缝补补。

聊聊开心的旅游经历

旅游是一件开阔视野、放松身心的事情，被很多人实践和期待。问问对方，五一去哪里玩？十一去哪里玩？去过哪些景点？彼此所见的趣闻，足以让双方开怀大笑。如去山顶露营，去之前将这件事想得特别浪漫，结果大半夜地冻得睡不着！像疲惫的流浪狗一样狼狈地爬了下来，回家不吃不喝、睡了一天一夜。

聊聊喜欢的美食佳肴

谈论美食佳肴，不仅可以了解彼此的口味，还能表现出一个人的品位和阅历。如果在聊天的过程中，你还能聊一聊这份美食的详细做法和历史故事，对方定会觉得你既能干又博学。

聊聊各自的兴趣爱好

兴趣爱好不仅能凸显自己的气质，还能展示自己的才华，如聊一聊你喜欢的旅游、写作、唱歌、跳舞、运动、园艺等，对方定会觉得你是一个用心生活的人，你的形象会瞬间变得更加富有情趣。

聊聊未来和计划

未来是一种憧憬，激发人的斗志，如果你对未来有合理的计划，对方会觉得你是一个靠谱的人，对方对你的好感度会有很大提升。

聊聊彼此交往的朋友

俗话说：物以类聚，人以群分。从你朋友的品行、爱好等方面，可以映射出你的思想观念、价值观、社会观。同时，从你们交往的细节上，对方可以了解你的人际关系。

聊聊你的工作

可以聊聊工作的现状，对所在行业的独特见解，让对方明白你在工作上是有前途和未来的。还可以聊聊工作中的趣闻，让话题不再沉闷。

当然，除了以上列举的话题，还有更多的有趣话题等待你去挖掘，如果聊得开心，又对对方有感觉，就可以再次发起邀请，彼此留下电话号码，期待下次的见面。

聊法：●　●　●

（1）忌聊对方旧爱。初次见面，聊对方旧爱，不仅尴尬，还有可能给对方伤口上撒盐。不要以为你是在开导她、安慰她，就会让对方觉得你人好，往往会适得其反。不如聊些其他话题，让彼此都会轻松。

（2）初次见面，最好以最简单的问话为妙，忌一副"看破红尘、指点江山、卖弄学问"的模样。有什么想法和看法最好留到熟悉了之后再说，否则对方有可能觉得交浅言深，不知如何与你聊下去。